健雅文化引领学校发展研究

吴绪柱 ◎ 著

中国商务出版社

·北京·

图书在版编目（C I P）数据

健雅文化引领学校发展研究 / 吴绪柱著 . -- 北京：

中国商务出版社 , 2024.10. -- ISBN 978-7-5103-5455

-7

I. K203；G47

中国国家版本馆 CIP 数据核字第 2024VU8314 号

健雅文化引领学校发展研究

吴绪柱　著

出版发行：中国商务出版社有限公司

地　　址：北京市东城区安定门外大街东后巷 28 号　邮编：100710

网　　址：http://www.cctpress.com

联系电话：010—64515150（发行部）　　　010—64212247（总编室）

　　　　　010—64515164（事业部）　　　010—64248236（印制部）

责任编辑：曹　蕾

排　　版：河南济航文化有限公司

印　　刷：宝蕾元仁浩（天津）印刷有限公司

开　　本：787 毫米 ×1092 毫米　1/16

印　　张：12.75　　　　　　　　　　字　　数：200 千字

版　　次：2024 年 10 月第 1 版　　　印　　次：2024 年 10 月第 1 次印刷

书　　号：ISBN 978-7-5103-5455-7

定　　价：79.00 元

自 序：我和我的健雅文化

我曾经迷失在时光的漩涡中，寻找那片遥远而神秘的土地——健雅文化。在那个被书香气息和智慧灯火编织的角落，我发现了一场别样的盛宴，一场关于成长、思考、创造的绚烂焰火。

小时候，我眼中的学校是一座灰色的建筑，课桌椅子间充斥着枯燥。然而，当我漫步进健雅文化的大门时，清新的空气扑面而来，仿佛时间在这里停滞。不再是知识的堆砌，而是一场关于心灵启迪的奇妙演出。

在健雅文化的课堂里，时间是一位巧夺天工的雕塑家，雕刻出一个个生动的瞬间。老师们如艺术家般潜心创作，教导我们如何欣赏人生的画卷，如何在岁月的拂晓中找到自己的声音。我学到的不仅仅是知识，更是一种独特的生活哲学，如同星辰般在我心中闪烁。

在这片诗意的土地上，我遇到了那些与我共舞的同伴。我们是彼此生命中的字，组成了一篇篇浓墨重彩的故事。在探讨的海洋里，我们扬起思想的风帆，航向未知的远方。健雅文化让我们在团队的舞台上共同奏响青春的交响曲，成为彼此心中永不凋零的花朵。

教育，是一场关于灵魂的舞蹈。在健雅文化的怀抱里，我学会了与自己对话。课程设计如一首无字的诗，引导我们穿越时间的迷雾，寻找自己内心的声音。我不再是被动的接受者，而是一位独立思考者、梦想的雕塑师。

在这个充满探索精神的角落里，健雅文化的理念犹如绚烂的彩虹，架起了我心灵的桥梁。教育不再是一种机械的灌输，而是一场关于发现的旅行。我沿着这条彩虹漫步，感受到知识的光芒如同繁星一般闪耀，拓展了我的视野，点亮了我前行的方向。

然而，人生之路不是笔直的大道，更像是一条曲折的小径。在健雅文化的旅途中，我曾遭遇迷雾，面对风暴，但正是这些波折让我更加沉着。在困境中，我学到了坚持，学到了勇敢。健雅文化并不是为我们铺平道路，而是教会我们在逆境中勇敢前行。

这本书不仅是对逝去时光的怀念，更是对未来的探讨。我将分享我对健雅文化的理解，以及在文字背后对自己人生的期许。在这片土地上，一个个细微的感动共同编织成了一幅美丽的画卷。健雅文化，如同一本打开的书，那里有无数奇妙的篇章等待我们去书写。我们携手迈入这片风景如画的教育园地，让心灵在这里开出更美的花朵。

前　言

　　在教育的浩瀚宇宙中，健雅文化犹如一颗熠熠生辉的北极星，不仅照亮了学校前行的道路，更以其独特的魅力引领着教育理念的革新与升华。健雅，这一融合了健康体魄与高雅灵魂的核心理念，超越了传统知识传授的局限，深刻触及教育的核心——促进每一位学生的全面发展与终身成长。健雅文化不仅是知识海洋中的灯塔，更是滋养心灵、启迪智慧的源泉。

　　健雅文化深深扎根于教育的沃土之中，强调身心和谐共生的重要性，倡导学生在追求学术卓越的同时，注重强健体魄，培养积极向上的生活态度。学校通过开设多样化的体育课程、加强心理健康教育及推广健康生活方式，致力于构建一个充满活力与韧性的学习社区。同时，高雅文化的熏陶成为不可或缺的一环，无论是古典艺术的鉴赏、现代创意的激发，还是国际视野的拓展，都旨在提升学生的审美情趣、创新思维及跨文化交流能力，使他们在全球化的浪潮中自信前行。

　　健雅文化的实践，不仅仅是课程设置的调整，更是校园文化的全面重塑。学校成为一个充满爱与尊重的大家庭，鼓励学生之间、师生之间的和谐交往，倡导开放包容的学习氛围。通过文化节、艺术展览、科技竞赛、社会服务等多种形式的文化活动与实践探索，健雅文化渗透到校园生活的每一个角落，让学生在参与中体验、在体验中成长，形成积极向上的价值观与人生观。

　　此外，健雅文化的推广还需放眼世界，积极吸纳国际先进教育理念的精髓，如全人教育、STEM教育等，并与本土文化深度融合，形成具有鲜明特色的教育模式。这不仅有助于提升学校的国际竞争力，更能让学生具备全球视野与跨文化交流的能力，为未来登上国际舞台做好准备。

　　本书共五章，从健雅文化的内涵与理论基础、作用实践探索、案例分析到挑战与对策，全方位、多角度地探讨了健雅文化如何引领学校发展的新趋势。它不仅是对当前教育现状的深刻反思，更是对未来教育蓝图的积极构想。通过本书的引导，读者将能够更加清晰地认识到健雅文化对于学校发展的重要意义，激发更多教育工作者投身这一伟大事业，共同开创教育的新篇章。

　　面对未来，健雅文化的研究与实践仍需不断探索与创新。我们需要运用最前沿的教育理论、最科学的研究方法，结合时代发展的需求，持续深化对健雅文化内涵的理解与挖掘，推动其在教育实践中的广泛应用与深化发展。只有这样，我们才能培养出更多德智体美劳全面发展的社会主义建设者和接班人，为实现中华民族伟大复兴的中国梦贡献力量。

目 录

第一章 健雅文化的内涵与理论基础

第一节 健雅文化的概念界定

一、健雅文化的定义

健雅文化，是一种融合了健康与高雅双重理念的文化形态。其旨在倡导一种健康向上、文雅高尚的生活方式，涵盖了身体健康、心理健康以及文化素养等多个方面。

（一）"健"的含义

在健雅文化中，"健"的含义深远而广泛，它不仅局限于传统的身体健康，更延伸至心理健康的层面。这一理念的提出，是对健康概念的一次全面升级，将健康的定义从单一的生理层面扩展到更为复杂的心理和精神层面。适度的运动锻炼是保持强健体魄的重要途径。通过规律的运动，可以促进血液循环，增强肌肉力量，提高身体的耐力和灵活性。这种对身体的锻炼不仅有助于塑造健美的体态，更能提升身体的机能和免疫力，为个体的日常生活和工作提供坚实的身体基础。

然而，"健"的内涵并不止于此。除了身体健康，心理健康同样重要。健康的心态是面对生活压力和挑战的关键。在快节奏、高压力的现代生活中，保持积极、乐观的心态显得尤为重要。这种心态能够帮助个体更好地应对生活中的不确定性和困难，增强心理韧性，提升生活的质量和幸福感。为了实现身心的全面健康发展，"健"的理念鼓励个体在日常生活中注重身心的平衡与调和。通过合理的饮食、充足的睡眠、适度的运动以及良好的社交关系，共同营造一个健康的生活环境。同时，"健"的理念也强调对自我心理状态的关注和调节，通过改善人际关系、进行心理保健、寻求心理咨询等方式来维护和提升心理健康。

（二）"雅"的含义

"雅"在健雅文化中，不仅仅是一个简单的字眼，更深刻地代表了一种文化修养和审美情趣。这一理念鼓励学生不仅要在知识上有所积累，更要在品德上有所追求。它倡导学生应当具备高尚的品德，这种品德不仅体现在对他人的尊重和关爱上，更体现在对自我行为的约束和要求上。为了培养良好的行为习惯，"雅"的理念强调日常生活中的点滴细节。无论是言行举止，还是待人接物，都应当体现出文雅和得体。这种行为习惯的养成并非一蹴而就，而是需要学生在日常生活中不断地自我提醒和自我修正，逐渐形成一种自然的、由内而外的优雅气质。除了品德和行为习惯的培养，"雅"还注重提升个人的文化素养。它鼓励学生广泛涉猎各种文化领域，不仅限于课本知识，更包括艺术、历史、哲学等多个方面。通过这种全方位的学习，学生可以更加深入地理解文化的内涵和价值，从而在面对生活的各种挑战时，能够以一种更加优雅的姿态去应对。这种优雅的姿态并不仅仅是外在的表现，更是一种内在的力量。它使学生在面对困难时能够保持冷静和理智，不轻易被挫折击败；在成功时能够保持谦逊和低调，不骄不躁。这种内外兼修的"雅"，不仅是健雅文化的核心理念之一，更是每一个学生应当追求的目标。通过不断地自我提升和完善，学生可以在"雅"的指引下，成为一个既有知识又有修养的现代人。

（三）健与雅的融合

健雅文化独具匠心地将"健"与"雅"这两个看似截然不同的概念进行了深度融合，这种融合并非简单的相加，而是高层次的统一与协调。在健雅文化的理念中，身体健康不再是单一的追求，而是与精神层面的提升紧密相连，共同构成了人的全面发展。身体健康是健雅文化的基石，通过科学的锻炼和合理的饮食来保持强健的体魄。然而，健雅文化并没有止步于此，它更进一步地提出了对精神层面的追求。这种追求体现在对高尚情操的培养上，倡导学生具备正直、善良、勇敢等优秀品质，并在日常生活中践行这些品质。同时，健雅文化也注重学生举止的优雅。优雅的举止不仅是对他人的尊重，更是对自我的尊重。通过培养良好的行为习惯和礼仪规范，学生可以更好地融入社会，与他人和谐相处。这种身心和谐统一的文化理念，不仅有助于学生的全面发展，还能为他们的未来奠定坚实的基础。在快节奏、高压力的现代社会中，具备强健的体魄、高尚的情操和优雅的举止的人，往往能够更好地应对各种挑战，实现自我价值。因此，健雅文化不仅仅是一种教育理念，更是一种生活的态度。鼓励学生在追求身体健康的同时，不忘精神层面的提升，实现身心的和谐统一。这种统一不仅是对学生个体的要求，更是对现代社会需求的一种积极回应。

（四）健雅文化的特点

健雅文化以其全面性、均衡性和人文性的特点而独树一帜，成为教育领域的一股清流。这种文化不仅深入关注学生的全面发展，更在身心健康与品格塑造之间寻求一种微妙的均衡，使得学生在成长的道路上能够稳健前行。全面性体现在健雅文化对学生发展的多维关注上。它不仅要求学生在知识层面有所建树，还强调身体与心理的双重健康。在这种文化的熏陶下，学生不再只是死读书的机器，而是有血有肉、有思想有情感的完整个体。他们的发展不再局限于单一的学术领域，而是拓展到了更为广阔的天地。均衡性则体现在健雅文化对身心健康与品格塑造的双重重视上。一个优秀的学生不仅要有强健的体魄和健康的心理，更要有高尚的品格和坚定的信念。因此，在健雅文化的引领下，学生会在追求身体健康的同时，也注重品格的磨砺和精神的升华，从而实现内外的和谐统一。而人文性则是健雅文化的灵魂所在。它强调人文素养的培养，鼓励学生去探寻人类文明的瑰宝，去感受艺术与历史的魅力。在这种文化的熏陶下，学生会变得更加文雅、更有内涵，他们的精神世界也会因此变得更加丰富多彩。

二、健雅文化与学校文化的联系与区别

（一）联系

1. 共同的教育目标

健雅文化和学校文化在培养学生方面有着共同的目标，即致力于促进学生的全面发展。学校文化，作为校园内独特的精神环境和文化氛围，深刻影响着每一位在校学生的学习与生活。其核心目的在于为学生营造一个积极向上、健康和谐的学习环境，这样的环境能够激发学生的学习热情，培养他们的团队协作精神，以及锻炼他们面对挑战时的应变能力。而健雅文化则是对学校文化的一种深化和补充。它不仅关注学生的知识学习和技能掌握，更进一步强调学生的身心健康和高雅品格的培养。通过倡导健康的生活方式和行为习惯，健雅文化帮助学生建立起强健的体魄和稳定的心理状态，为他们未来面对社会的各种挑战打下坚实的基础。同时，健雅文化还注重学生高雅品格的塑造，通过提升学生的文化素养和审美情趣，使他们在言谈举止间流露出内在的修养和气质。这两种文化相辅相成，共同构成了学生成长的良好土壤。学校文化为学生提供了一个广阔的学习平台，而健雅文化则在这个平台上进一步明确了学生的发展方向，使他们在追求知识的同时，也不忘身心的健康和品格的提升。在这样的文化熏陶下，学生不仅能够获得扎实的学术基础，更能够拥有健康的体魄和高尚的品格，成为真正全面发展的优秀人才。

2. 相互渗透与融合

健雅文化以其独特的理念和实践方式，确实可以作为学校文化的一个重要组成部分，甚至在某些方面成为引领和提升学校整体文化氛围的关键力量。健雅文化的核心理念是倡导健康的生活方式和高雅的文化品位。这种文化的推广和实践，不仅有助于学生个体的全面发展，还能为学校文化注入新的活力和丰富其内涵。通过鼓励学生参与体育活动、注重饮食健康、培养良好的心理状态，健雅文化在

无形中增强了学校对身心健康的重视，也使学生更加珍惜和爱护自己的身体。同时，健雅文化对高雅文化品位的追求，也极大地提升了学校的整体文化氛围。它鼓励学生接触和欣赏艺术、历史、文学等各个领域的优秀作品，从而培养他们的审美情趣和人文素养。这种对美的追求和对文化的尊重，让学校的文化氛围更加浓厚，也更具深度和广度。另一方面，学校文化作为校园内的精神环境和文化氛围的总和，为健雅文化的实施提供了广阔的平台和有力的支持。学校可以通过课程设置、活动安排、环境布置等多种方式，将健雅文化的理念融入学生的日常生活，让学生在潜移默化中接受这种文化的熏陶。此外，学校还可以利用自身的资源和影响力，邀请专家学者举办讲座或开设相关课程，进一步提升学生对健雅文化的认识和理解。

（二）区别

1. 关注点不同

（1）学校文化关注点

学校文化作为校园生活的核心组成部分，侧重于整体校园环境的营造。这种环境不仅仅指物理空间上的布局和设计，更重要的是精神层面的氛围和价值取向。学校的办学理念是学校文化的基石，它决定了学校的发展方向和教育方式，从而深刻影响着学生的成长道路。教育目标则是学校文化的具体体现，它明确了学校要培养什么样的人才，以及这些人才应具备哪些核心素质和技能。校风学风则是学校文化的外在表现，它反映了学生的学习态度和教师的教风，同时也塑造了校园内独特的学习氛围。此外，人际关系也是学校文化不可忽视的一部分。和谐的师生关系、同学关系不仅有助于提升学生的学习效率，还能培养他们的团队协作能力和社交技巧。而各种规章制度则是学校文化的有力保障，它们规范了师生的行为，确保了校园秩序井然，为学生提供了一个安全、有序的学习环境。

（2）健雅文化关注点

健雅文化在教育领域中独树一帜，其核心理念更加专注促进学生的身心健康以及高雅品格的养成。这种文化深刻认识到，学生的成长不仅仅局限于学术知识的积累，更重要的是培养他们强健的体魄、稳定的心理状态以及高尚的品格。为了实现这一目标，健雅文化特别强调了体育教育的重要性。通过定期的体育活动和锻炼，不仅能够增强学生的身体素质，还能培养他们的团队合作精神和竞争意识。同时，心理健康教育也被视为健雅文化的关键环节。学校通过提供专业的心理辅导和咨询服务，帮助学生建立良好的心理调节机制，增强他们的抗压能力，从而使学生在面对挑战时能够保持冷静与自信。除此之外，文化素养的提升是健雅文化的另一大支柱。它鼓励学生广泛涉猎各类文化艺术，不仅限于传统意义上的学术学习，更涵盖音乐、美术、舞蹈等多种形式的艺术修养。这样的教育方式有助于培养学生的审美情趣，使他们在日常生活中自然而然地展现出高雅的气质。

2. 实施方式不同

（1）学校文化实施方式

学校文化的形成与传承并非一蹴而就，而是一个长期且持续的过程。它不仅仅是一种表面的活动或形式，更是深深根植于全校师生心中的共同价值观念和信仰。学校通常会通过多种方式来营造和传承这种文化。校园活动是学校文化传播的重要载体。这些活动不仅丰富了学生的课余生活，更在无形中传递着学校的核心价值观念和办学理念。无论是学术讲座、文艺演出，还是体育比赛、志愿服务，每一次活动的成功举办都在潜移默化中影响着学生的思想和行为。课程设置也是塑造学校文化的关键环节。通过精心设计的课程体系，学校不仅能够传授知识，更能够培养学生的思维方式和行为习惯。在课程中融入学校的文化元素，让学生在学习的过程中感受到学校的独特魅力。此外，师生互动也是学校文化传承的重要方式。教师与学生的每一次交流、每一次互动，都在传递着学校的文化理念和精神风貌。良好的师生关系不仅有助于提升教学效果，更能够增强学生对学校的认同感和归属感。

（2）健雅文化实施方式

健雅文化的实施，更注重通过具体而有针对性的方式来进行。与广泛的学校文化活动不同，它能通过特定的课程项目、精心设计的活动安排或者明确的行为规范来达成其目标。这种方式使得健雅文化的推广更加突出重点，效果也更为显著。例如，为了强化学生的体魄，学校会专门开设体育校本课程，并在其中融入健雅文化的理念。这些体育校本课程不仅注重运动技能的培养，更重视运动精神的塑造，让学生在汗水中体验挑战与超越，从而锤炼出坚韧不拔的意志。同时，心理健康教育校本课程的设置也是健雅文化实施的重要环节。这类课程旨在帮助学生建立健康的心态，学会调节情绪，面对压力与挑战。通过这些课程，学生可以更好地认识自己，理解他人，进而培养出更加健全的人格。此外，组织体育竞赛和文化艺术活动也是推广健雅文化的有效途径。体育竞赛能够激发学生的竞技精神，培养团队协作能力；而文化艺术活动则能提升学生的审美情趣，陶冶情操。这些活动不仅丰富了学生的课余生活，更在潜移默化中培育了他们的健雅品格。

3. 影响范围不同

（1）学校文化影响范围

学校文化这一无形的力量，渗透于校园的每一个角落，其影响范围之广，涵盖了学校生活的方方面面。从教学到管理，从服务到课余活动，学校文化的独特气息弥漫在每一个角落。这种文化氛围不仅为师生提供了一个学习和工作的环境，更在无形中塑造着他们的思想观念、行为习惯以及情感态度。在教学领域，学校文化对教师的教学方式和学生的学习态度产生着深远影响。积极向上、注重创新的学校文化，会鼓励教师不断探索新的教学方法，激发学生的学习兴趣和创造力。同时，学生也会在这种文化的熏陶下，形成自主学习、勇于探索的学习态度。在管理层面，学校文化则塑造着管理者的管理理念和行为方式。以人为本、强调团队合作的学校文化，会促使管理者更加注重师生的需求和感受，努力营造一个和谐、有序的工作环境。服务领域亦是如此，注重服务质量和细节的学校文化，会推动服务人员提供更加周到、细致的服务，让师生感受到家的温暖。健康、积极的学校文化，能够引导学生形成正确的价值观念、人生观，培养他们的社会责任感和公民意识。同时，它也能激励教师不断追求专业成长，提升教育教学水平。

（2）健雅文化影响范围

健雅文化虽然也致力于促进学生的全面发展，但其关注点显得更为具体和明确。与广泛的学校文化相比，健雅文化的核心主要集中在学生的身心健康和高雅品格的培养上。这一特点使得其影响范围在表面上看起来相对较小，但实际上更加深入和具体。在身心健康方面，健雅文化不仅关注学生的身体健康，还强调心理的平衡与稳定。它鼓励学生通过体育锻炼来增强体质，同时注重心理健康的教育和引导。这种双重关注，使得学生在成长过程中能够更好地应对身体和心理上的挑战，从而培养出更加坚韧和健康的个性。而在高雅品格的培养上，健雅文化更是倾注了大量的心血。它倡导学生接触和学习各种文化艺术，通过欣赏和实践来提升学生的审美情趣和文化素养。这种教育方式不仅有助于培养学生的高雅气质，还能让他们在日常生活中更加注重礼仪和修养，从而成为更加有教养和内涵的个体。虽然健雅文化的影响范围可能不如学校文化那样广泛，但其在学生身心健康和高雅品格培养上的专注和深入，使得其对学生个体的影响更为显著和持久。这种教育理念的实施，不仅能够提升学生的综合素质，还能为他们的未来发展打下坚实的基础，使他们在面对社会的各种挑战时更加从容和自信。

第二节　健雅文化的理论渊源

一、中华优秀传统文化中的健雅基因

（一）健雅文化的历史渊源

1. 古典文献中的健雅理念

在浩如烟海的古典文献中，健雅理念始终贯穿其中，成为中华文化独有的精神内核。自《黄帝内经》充分体现"天人合一"的哲学思想以来，追求身心的和谐与健康便成为古人的重要生活理念。古典文献不仅记载了古人对健康的重视，更在字里行间透露出对雅致生活的向往。《诗经》中的"窈窕淑女，君子好逑"，便描绘了一种理想化的男女形象，其中既包含了健康的体态，也蕴含了高雅的品格。

而《论语》中孔子对弟子的教诲，更是将健康的人格与高雅的志趣相结合，提出"志于道，据于德，依于仁，游于艺"的全面发展理念。这些古典文献不仅为健雅文化提供了历史见证，也为后世传承和发扬健雅精神奠定了坚实的理论基础。

2.历史人物体现的健雅精神

在中国历史上，众多杰出人物以其卓越的才华和高尚的品格，成为健雅精神的典范。如诸葛亮，他不仅智勇双全，运筹帷幄之中，决胜千里之外，更以其儒雅的风度和崇高的道德情操赢得了后世的敬仰。他的《出师表》字里行间透露出对国家社稷的深深忧虑和对君主的忠诚，展现了其高尚的品格和远大的志向。又如李清照，她以婉约柔美的笔触描绘出内心深处的喜怒哀乐，其作品不仅文采斐然，更透露出一种坚韧不拔、清雅脱俗的精神风貌。这些历史人物以其卓越的才华和高雅的品格，诠释了健雅精神的真谛，成为后世学习和效仿的楷模。他们的健雅精神不仅体现在个人的才华和品格上，更融入了中华民族的文化血脉，成为激励一代又一代人奋发向前的精神力量。

（二）健雅在传统文化中的体现

1.传统体育活动中的健雅元素

传统体育活动在中华文化中占据着举足轻重的地位，其深厚的文化内涵和独特的健雅元素令人着迷。武术作为中国传统体育的瑰宝，便是其中的佼佼者。它不仅仅是一种强调身体强健与灵活的运动形式，更是一种内外兼修、形神兼备的精神追求。在武术的世界里，每一个动作、每一个招式都蕴含着深厚的文化底蕴和精湛的技艺。太极拳，作为武术的一种，更是将健与雅融合得淋漓尽致。它的动作柔中带刚，慢中求快，仿佛在缓缓流动的韵律中，诉说着古老的东方智慧。太极拳的练习者，在每一次的推手、云手中，不仅锻炼了身体，更在潜移默化中培养了优雅的气质和从容的风度。除了武术，传统体育活动还包括了射箭、蹴鞠等丰富多彩的项目。这些活动同样既能够锻炼身体，又能够培养人们的气质和风度。在射箭中，每一次的拉弓搭箭，都是对精准与力量的追求；在蹴鞠中，每一次奔跑与传球，都展现着团队协作与竞技精神。

2. 文化艺术中的健雅表现

中国传统文化艺术承载着深厚的健雅文化，是其重要的表现形式。在书法艺术中，可以深刻感受到健雅元素的独特魅力。书法艺术是中国的国粹，每一笔一画都凝聚着书写者的心血与情感。力度与美感的完美结合，在字里行间流露出书写者深厚的文化底蕴和扎实的书法功底。这种艺术形式不仅要求技巧上的精湛，更追求审美情趣的高雅，使人们在欣赏书法作品时，能够感受到那种由内而外的健雅气息。

同样，传统绘画也是健雅文化的重要载体。它通过笔墨的巧妙运用，将自然与人物的生动气韵表现得淋漓尽致。画家运用不同的笔法和墨色，描绘出山水、花鸟、人物等各种形象，既展现了他们高超的绘画技艺，也透露出他们高洁的品格和对美的独特追求。这种追求不仅体现在画面的构图和色彩运用上，更融入了画家的思想情感和价值观念，使观者在欣赏画作时，能够深刻感受到健雅文化的独特魅力。这些文化艺术形式都蕴含着丰富的健雅元素，它们以各自独特的方式传承和弘扬着健雅文化。无论是书法艺术还是传统绘画，都是中华文化瑰宝的重要组成部分，它们以高雅的艺术形式和深刻的文化内涵，向世界展示着中国文化的博大精深和独特魅力。

（三）健雅文化的现代传承与发展

1. 现代教育体系中的健雅教育

（1）学校体育课程的改革与创新

近年来，学校体育教育正悄然发生着一场意义深远的变革。这场变革的核心，便是将健雅文化的精髓更深入地融入体育课程之中。传统的体育课程，多侧重于对学生体能的训练和竞技技能的培养，虽然这些方面依然重要，但教育的视野已经在逐渐拓宽。如今，众多学校开始积极地将健雅元素融入体育课堂之中，使体育教育的内容变得更加丰富多彩。太极拳和武术等中华传统体育项目的引入，就是这一变革的明显例证。这些项目不仅能够有效提升学生的身体素质，更在细腻的招式和流畅的动作中，向学生传递着优雅与力量的完美结合。学生在练习太极拳时，需要保持身心的平静与和谐，这无形中也培养了他们的耐心和定力。除了传统体育项目，一些学校还巧妙地将舞蹈、体操等艺术形式与体育教育融合在一起。这样的尝试，让学生在运动中不仅能够锻炼身体，还能感受到身心的和谐与平衡，进一步领悟到健雅文化的内涵。舞蹈的柔美与力量，体操的静谧与舒展，都让学生在体育课上获得了全新的体验。这场体育课程的变革，不仅极大地丰富了课程内容，更重要的是，它让学生在每一次的运动中，都能深刻感受到健雅文化的独特魅力和深厚底蕴。

（2）美育在现代教育中的地位提升

美育在现代教育体系中的地位正逐渐得到重视和提升，它已经成为促进学生全面发展不可或缺的一环。过去，教育领域过于注重智育，即知识的传授和智力的培养，而忽视了美育的价值。随着时间的推移，越来越多的教育者开始认识到美育在培养学生综合素质方面的重要性。为了响应这一教育理念的转变，学校纷纷增加了艺术课程的设置。音乐、美术、舞蹈等课程成为学校课程体系的重要组成部分。这些课程不仅让学生有机会亲身感受艺术的魅力，还鼓励他们通过艺术实践去创造美、表现美。在这样的教育环境中，学生的审美能力和创造力均得到了显著的提升。与此同时，学校还积极举办各种艺术展览、戏剧表演等活动。这些活动为学生提供了展示自己才华的舞台，让他们在实践中锻炼自己的艺术表现力和团队协作能力。通过这些活动，学生不仅提升了自己的艺术素养，还培养了自信心和责任感。美育地位的提升，不仅丰富了学生的学习生活，还让他们在学习中受到了健雅文化的熏陶。这种熏陶不仅有助于提升学生的个人素养，还为他们的未来发展奠定了坚实的基础。在未来的人生道路上，这些学生将更加懂得欣赏美、创造美，成为具有高雅审美的社会栋梁。

2. 社会活动中的健雅文化推广

（1）传统文化节日与活动中对健雅文化的展示

在传统文化节日与活动中，健雅文化的展示总是能够吸引众人的目光，成为一道不可或缺的亮丽风景线。每当春节、中秋、端午等传统佳节来临之际，大街小巷都弥漫着浓厚的节日氛围，而这些节日不仅仅是家人团聚、欢庆的时刻，更是健雅文化得以淋漓尽致地传承与展示的重要舞台。人们通过各种丰富多彩的活动来庆祝这些充满欢乐和祥和的节日。舞龙舞狮、吹打乐器、扭秧歌等传统表演形式，都巧妙地融入了健雅的元素，使得整个庆祝过程更加生动有趣。舞者身着华丽的服饰，身姿矫健，步伐优雅，随着音乐的节奏舞动，不仅锻炼了身体，更将传统文化的魅力展现得淋漓尽致。在这些活动中，观众不仅能够欣赏到精彩的表演，更能深刻感受到健雅文化的独特韵味。这种韵味，既包含了传统文化的深厚底蕴，又体现了人们对美好生活的向往和追求。通过这些活动的参与和观赏，人们对传统文化的理解和认同也进一步加深，这种文化的传承不仅仅是一种形式的延续，更是一种精神的传承。

（2）现代文化活动中对健雅文化的弘扬

在现代社会，文化活动日益丰富，而对健雅文化的弘扬也在这个过程中逐渐凸显出其重要性。从大型的文化艺术展览到各类演出，再到各具特色的文化节，这些活动都为健雅文化的广泛传播提供了难得的机遇和广阔的舞台。在这样的场合中，人们有机会亲眼目睹那些高雅的艺术表演，如古典舞的轻盈飘逸，民族舞的热烈欢快，每一种舞蹈都蕴含着深厚的文化底蕴和艺术魅力。更为难得的是，观众还有机会亲身参与到各种健雅文化体验活动中。比如，他们可以尝试挥毫泼墨，体验书法的韵味；或者静心品茶，感受茶艺的精致。这些活动不仅仅是为了娱乐和消遣，更深层次的意义在于，它们极大地丰富了人们的精神文化生活，让人们在忙碌的生活中找到了一片宁静的艺术天地。通过这些活动的推广和普及，健雅文化在现代社会中重新焕发出了勃勃生机。越来越多的人开始关注和喜爱这种文化，被其独特的魅力所吸引。健雅文化的广泛传播，不仅让更多的人领略到了其深厚的艺术内涵，还进一步促进了其传承与发展。更为重要的是，这种文化的弘扬也为现代社会注入了更多的文化底蕴和艺术气息，使得人们的生活更加多姿多彩，充满了艺术的韵味。

（四）健雅文化的价值与意义

1. 对个体成长的促进作用

（1）健雅文化在培养全面发展人才中的作用

健雅文化在人才培养中的价值，远远超越了单纯的知识和技能的传授。它深刻地认识到，一个人的全面发展并非仅仅局限于学习成绩和学习能力的提升，而是更多地关乎其内在修养和综合素质的锻造。这种文化所蕴含的教育理念，旨在引领个体走向更为全面、均衡的成长路径。深入学习和实践健雅文化，个体不仅能够扎实地掌握专业知识和技能，更能在德、智、体、美、劳等多个方面实现均衡发展。德，指的是品德的修养，健雅文化鼓励人们秉持正直、善良、宽容的品质，成为一个有道德、有良知的人。智，则是对知识的追求和智慧的积累，它要求人们不断学习、不断进步，用知识武装自己的头脑。体，代表的是身体的锻炼和健康，健雅文化倡导健康的生活方式，让人们拥有强健的体魄去迎接生活的挑战。美，则是对艺术和美的欣赏与创造，它鼓励人们发现生活中的美，提升自己的审美情趣。劳，则彰显了勤劳与奉献，健雅文化倡导积极实践，以双手筑梦，创新不息，共绘美好蓝图。这种全面发展的教育理念，有助于培养出既具备专业技能又拥有高尚品德的复合型人才。他们不仅能够在各自的领域里发光发热，更能以健全的人格和卓越的综合素质，为社会作出更大的贡献。健雅文化的深远影响，正是在于它能够为社会源源不断地输送这样的人才，推动社会的进步和发展。

（2）健雅品质对个人魅力与社交能力的影响

健雅品质在个人魅力和社交能力中占据着举足轻重的地位。一个人如果具备了健雅的品质，那么他在人群中往往会显得与众不同，这种独特的气质和风度，使其能够轻易地吸引他人的目光，给人留下难以忘怀的印象。这种印象并非仅仅来源于外在的优雅和得体，更多的是源自内在的修养和自信。健雅的人，在社交场合中总是能够游刃有余。他们知道如何尊重他人，善于倾听，也擅长表达。在与人沟通时，他们总能找到合适的话题，让对话既轻松又愉快。这样的沟通技巧，使得他们在各种社交场合中都能轻松应对。此外，健雅品质还赋予了个体一种独特的吸引力，使得人们愿意与他们建立深厚的友情和合作关系。这种广泛的人际关系网络，不仅为个体提供了更多的机会和资源，还进一步增强了他们在社会中的竞争力和影响力。因此，培养健雅品质显得尤为重要。它不仅仅是一种外在的表现，更是一种内在的修养和态度。拥有这种品质的人，无论在职场上还是在生活中，都能够展现出自己的独特魅力，赢得他人的尊重和信任。

2.健雅理念对提升社会文化品位的重要性

健雅理念在当今社会中显得愈发重要，它不仅是提升个人素养的关键，更是推动社会文化品位提升不可或缺的因素。一个社会的文化品位，绝非仅仅通过艺术、文学等高雅文化的繁荣来展现，它更多的是渗透在人们的日常生活和行为举止之中。健雅理念所强调的内外兼修，实际上是在倡导一种全面的文化素养。外在的形象和礼仪，是人们在社会交往中给他人的第一印象，它代表着个人的尊重和对他人的理解。而内在的修养和品质，则是一个人真正魅力的源泉，它决定了个体的思想深度和行为举止。当健雅理念得到普及和实践时，它便能够潜移默化地引导人们去追求更高的精神境界。人们开始更加注重自身的文化素养，不仅在艺术和文学方面有所追求，更在日常生活中展现出优雅和品味。这样的转变，无疑会提升整个社会的文化素养和审美水平。更为重要的是，健雅理念的推广有助于塑造一个高品质、有深度的社会文化环境。在这样的环境中，人们更加注重精神层面的交流和分享，社会文化活动也变得更加丰富多彩和有意义。

二、现代教育理念与健雅文化的融合

（一）现代教育理念的转变

1.从应试教育到素质教育的过渡

随着社会的进步和教育改革的不断深化，现代教育理念正在经历一场深刻的变革。这场变革的核心，就是从传统的应试教育向更为全面、均衡的素质教育转变。这种转变并非一蹴而就，而是经过深思熟虑和实践验证后的必然选择。在过去，应试教育长期占据着教育领域的主导地位。在这种模式下，学生的学业成绩被视为衡量其成功与否的唯一标准。然而，随着时间的推移，人们逐渐认识到，单一的学业成绩并不能全面反映学生的能力和潜力。因此，现代教育开始寻求一种更加全面、科学的教育理念，即素质教育。素质教育强调学生的全面发展，这不仅仅包括学业成绩的提升，更涵盖了德、智、体、美、劳等多个方面的发展。在这种教育理念下，学生不再是被动的知识接受者，而是成为积极主动的学习者和探索者。他们被鼓励发挥自己的特长和兴趣，培养独立思考和解决问题的能力。此外，素质教育还注重学生的心理健康和人际交往能力的培养。在快节奏、高压力的社会环境中，如何保持良好的心态和与他人和谐相处的能力显得尤为重要。因此，现代教育不仅关注学生的知识水平，更致力于培养他们的心理素质和社交技能。

2. 个性化教育的兴起

现代教育的一个重要转变就是个性化教育的兴起。这种教育方式更加注重学生的个性化发展，深刻认识到每个学生都是独一无二的个体，他们各自具有不同的兴趣、才能和发展潜力。因此，现代教育致力于尊重每个学生的差异和特点，为他们量身打造定制化的教育方案。个性化教育的核心在于因材施教。它摒弃了传统教育"一刀切"的模式，不再将所有学生按照相同的标准和进度进行教学。相反，教师会根据学生的实际情况和学习需求，制定个性化的教学计划，提供符合他们特点和兴趣的教学内容。这样的方式更能激发学生的学习兴趣，让他们在自己擅长的领域得到更好的发展。此外，个性化教育还强调激发学生的潜能和创造力。它鼓励学生积极探索、勇于创新，为他们提供广阔的实践平台和创新机会。在这样的教育环境下，学生的创造力和想象力得到充分释放，他们有机会尝试新事物、挑战自我，从而培养出独特的创新思维和解决问题的能力。个性化教育的兴起，不仅体现了现代教育对学生个体差异的尊重，也反映了教育理念的进步。它让每个学生都能在适合自己的教育环境中成长，充分发挥自己的潜能和才华。这种教育方式无疑为社会的进步和发展注入了新的活力，培养出更多具有创新精神和实践能力的人才。

（二）健雅文化与现代教育的结合点

1. 培养全面发展的人才

健雅文化与现代教育理念在追求个体全面发展上有着不谋而合的共同目标。健雅文化，作为一种深厚的文化传统，一直强调个体的全面发展，它不仅仅关注知识和技能的培养，更注重人的道德品质、智慧启迪、身体健康以及审美情趣的全方位提升。这种文化传统深深根植于对人性光辉的追求，以及对和谐社会的向往。与此同时，现代教育理念中的素质教育也致力于培养德、智、体、美、劳等多方面均衡发展的复合型人才。素质教育不再局限于传统的知识灌输，而是将学生的道德品质、思维能力、身体素质及艺术修养都纳入教育的范畴，力求培养出具有全面素养的现代公民。在这两种教育理念的指引下，教育不再仅仅是书本知识的传递，而是成了一个塑造完整人格、培养综合能力的过程。德，是指品德的培养，让学生明白做人的基本道德准则，学会尊重与包容；智，是智力的开发，通过知识的学习，启迪思维，提高分析问题和解决问题的能力；体，是身体的锻炼，强健的体魄是实现个人价值的基础；美，是审美情趣的培养，让学生学会欣赏和创造美，丰富精神世界；劳，是实践的磨砺，让学生在劳动中体验价值，培养责任感与团队协作精神，构筑坚实的人生基石。健雅文化和现代教育理念在培养全面发展的人才方面有着共同的追求。它们都强调教育的全面性，旨在通过全面、均衡的教育方式，培养出既具备专业技能，又拥有良好品德和审美情趣的复合型人才，以适应社会的发展需求，同时也为个体的终身发展打下坚实的基础。

2. 重视内在修养与品质的培养

个体的成长远不止于知识和技能的积累，健雅文化更注重的是人的内在修养和品质的培养。这种对内在的重视，与现代教育理念中强调的个性化教育形成了有力的互补。个性化教育旨在根据每个学生的独特性进行有针对性的教学，而健雅文化则为此提供了丰富的精神资源和行为指南。在健雅文化的熏陶下，学生不仅能够学习到如何以优雅、得体的方式与人交往，更能够在日常生活中实践诚信、守时、尊重他人等优秀品质。这些品质的培养，不仅提升了学生的道德素养，还进一步增加了他们的个人魅力。一个拥有健雅品质的人，无论走到哪里，都能够以其独特的魅力和气质吸引他人的目光。此外，健雅文化还强调社交能力的重要性。在当今社会，一个人的成功不仅仅取决于他的专业能力，更取决于他与人沟通和协作的能力。通过培养学生的健雅品质，使他们在与人交往中会更加自信、从容，懂得如何倾听他人、表达自己的观点，从而建立起稳固的人际关系网络。

（三）融合策略与实践

1. 将健雅文化融入课程体系

在推动现代教育理念与健雅文化融合的过程中，将健雅文化融入课程体系是一个重要的策略。这一举措旨在通过课堂教学和实践活动，让学生全面了解并践行健雅文化的核心价值观念。具体而言，学校可以根据自身的教育资源和特色，将健雅文化的相关内容有机地融入现有的课程体系中。例如，在语文课程中，可以引入经典的健雅文学作品，让学生通过阅读和学习，感受健雅文化的独特魅力。在历史课程中，可以讲述健雅文化的历史渊源和发展轨迹，帮助学生更好地理解其背后的文化内涵。除了课堂教学外，实践活动也是让学生亲身体验和践行健雅文化的重要途径。学校可以组织丰富多样的实践活动，如茶艺表演、书法比赛、古典音乐演奏等，让学生在参与中感受健雅文化的韵味。这些活动不仅能够锻炼学生的实际操作能力，还能培养他们的审美情趣和艺术修养。通过将健雅文化融入课程体系，学校可以为学生提供一个更加全面、多元的教育环境。学生在这样的环境中学习，不仅能够掌握扎实的专业知识，还能培养出独特的文化素养和人文精神。这种融合教育的方式，有助于培养出既具备专业技能，又拥有深厚文化底蕴的高素质人才，为社会的繁荣和发展作出更大的贡献。

2. 开展健雅文化主题活动

在推进健雅文化与现代教育的融合中，开展以健雅文化为主题的活动是一个极为有效的途径。通过定期举办如书法比赛、茶艺表演、古典舞演出等丰富多彩的活动，学校能够为学生提供一个直观感受健雅文化的平台。书法比赛是一个极好的健雅文化体验活动。在书写过程中，学生需要平心静气、凝神运笔，这既是一种技艺的展示，也是一种心性的修炼。通过书法的艺术表达，学生能够深刻感受到健雅文化中的内敛与含蓄，同时也锻炼了他们的耐心和审美鉴赏力。茶艺表演则是另一种让学生领略健雅文化魅力的方式。在茶艺表演中，学生可以学习到如何泡茶、品茶，了解茶叶的种类与特性，以及茶道的精神内涵。通过这一活动，学生不仅能够提升自己的生活品位，还能在泡茶、品茶的过程中，学会静心、从容面对生活的态度。此外，古典舞演出也是展示健雅文化的重要形式之一。古典舞以其独特的舞姿和韵律，展现了健雅文化的柔美与力量。学生在参与古典舞演出的过程中，不仅能够锻炼身体，还能在舞蹈中感受到韵律美和意境美。通过这些主题活动的举办，学生可以在实践中亲身体验健雅文化的魅力，更深入地理解其精神内涵。这样的活动不仅有助于提升学生的文化素养，还能培养他们的审美情趣和艺术修养，为他们的全面发展打下坚实的基础。

3. 教师培训与引导

在健雅文化与现代教育理念融合的过程中，教师培训与引导起着至关重要的作用。为了确保教师能够深入理解健雅文化的内涵和价值，并有效地将其融入日常教学中，加强对教师的专业培训是不可或缺的环节。通过系统的培训，教师可以更全面地了解健雅文化的历史背景、核心理念以及它在现代教育中的重要意义。这样，教师在教授知识的同时，也能自然而然地传递健雅文化的精髓，使学生在学习过程中潜移默化地受到熏陶。此外，教师自身对健雅文化的践行也是至关重要的。作为学生心目中的楷模，教师的言行举止都会对学生产生深远的影响。因此，教师应该在日常生活中积极践行健雅文化，如保持优雅的举止、使用文明的语言、尊重他人等，从而为学生树立一个良好的榜样。当教师成为健雅文化的践行者时，他们的行为将无声地影响着学生，激励学生也加入践行健雅文化的行列中来。这种身教胜于言教的方式，往往能够取得更好的教育效果。

（四）融合意义与展望

1. 提升学生的综合素养

通过现代教育理念与健雅文化的深度融合，学生的综合素养可以得到全面提升。这种提升不仅仅局限于学习能力，更涵盖了社交能力、艺术修养等多个重要方面。在学习能力上，健雅文化的融入使得学生在学习过程中更加注重思考的深度和广度。他们不再仅仅满足于课本知识的掌握，而是开始主动探索、深入研究，形成独立思考和解决问题的能力。这种能力的提升，不仅帮助学生在学业上取得了更好的成绩，也为他们未来的发展奠定了坚实的基础。同时，在社交能力方面，健雅文化的熏陶让学生更加懂得如何与人交往、沟通。他们学会了倾听、理解和尊重他人，从而能够建立起良好的人际关系。这种社交能力的提升，不仅让学生在校园生活中更加游刃有余，也为他们未来融入社会、与他人协作打下了良好的基础。此外，艺术修养也是学生综合素养中不可或缺的一部分。健雅文化中的艺术元素，如音乐、舞蹈、书法等，不仅丰富了学生的课余生活，更让他们在艺术熏陶中提升了审美情趣和创造力。这种艺术修养的提升，不仅促进了学生的全面发展，也为他们的生活增添了更多的色彩和乐趣。

2. 塑造和谐校园文化

健雅文化的融入，对塑造和谐、积极向上的校园文化氛围起着举足轻重的作用。在这种文化的熏陶下，学生更加注重个人修养和道德品质的培养，他们相互尊重、理解和包容，共同营造出一个和谐的学习环境。这种文化氛围的形成，不仅有助于学生在学习上取得更好的成绩，还促进了他们的身心健康发展。在和谐、积极的环境中，学生更容易形成乐观向上的生活态度，他们的自信心和自尊心得到增强，从而能够更好地面对生活中的挑战和困难。同时，健雅文化的融入还丰富了校园的文化活动，提升了学生的文化素养。学校通过举办各种以健雅文化为主题的活动，如书法展览、才艺表演等，不仅能让学生在实际参与中感受健雅文化的魅力，还增进了彼此之间的交流与了解，进一步巩固了和谐的校园文化氛围。此外，健雅文化的融入还有助于培养学生的团队合作精神和集体荣誉感。在参与校园文化活动的过程中，学生需要相互协作、共同努力才能取得成功。这种经历让他们更加珍视团队合作的重要性，增强了他们的集体荣誉感，从而更加积极地投入校园文化的建设中。

3. 推动教育改革与创新

现代教育理念与健雅文化的融合，实质上是教育改革与创新领域中的一次有益尝试。这种融合不仅为教育内容的更新和教育方法的改进提供了可能，更为未来教育的发展指明了新的思路和方向。在传统的教育模式下，教育往往过于注重知识的传授，而相对忽视了学生的全面发展。然而，现代教育理念强调以学生为中心，关注学生的全面发展，这与健雅文化所倡导的注重个体全面发展的理念不谋而合。通过将健雅文化融入现代教育体系中，可以打破传统教育的束缚，推动教育向更加人性化、全面化的方向发展。此外，健雅文化的融入也为教育方法的创新提供了灵感。例如，可以借助健雅文化中的艺术元素，如音乐、舞蹈等，来丰富教学手段，激发学生的学习兴趣和积极性。同时，健雅文化中的道德修养和人文精神也可以成为德育的重要内容，帮助学生树立正确的价值观和人生观。更为重要的是，这种融合为未来教育的发展提供了新的视角。在快速变化的社会环境中，教育需要不断创新以适应时代的需求。通过深入探索健雅文化与现代教育理念的结合点，可以发掘出更多具有创新性和实用性的教育方法，为未来教育的发展注入新的活力。这种融合有望推动教育走向更加全面、人性化的新阶段，为学生的全面发展和社会的进步作出积极贡献。

第二章　健雅文化在学校发展中的作用

第一节　健雅文化对教育教学的影响

一、转变教学理念

（一）以学生为中心的教学理念

健雅文化的引入，为教育教学领域带来了深远的变革，尤其在教学理念上，实现了从以教师为中心到以学生为中心的重大转变。这一转变并非一蹴而就，而是在健雅文化的潜移默化影响下逐步实现的。在传统的教学理念中，教师往往扮演着知识传递者的角色，他们站在讲台前，将知识灌输给学生。而学生则坐在座位上，被动地接受这些信息。这种模式下，学生的个性差异和需求往往被忽视，导致教学效果不佳。然而，健雅文化的出现打破了这一固有模式。健雅文化强调的是尊重每一个学生的个性差异，关注他们的需求和兴趣。在这种文化的熏陶下，教师开始重新审视自己的教学方式，逐渐意识到学生并非简单的知识接收器，而是具有独立思考和创造力的个体。因此，教学理念开始发生转变。教师不再仅仅注重知识的传授，而是更加注重学生的主体地位。他们开始尝试激发学生的学习兴趣，引导学生主动探索和思考。同时，教师的角色也发生了转变，从单纯的知识传递者转变为引导者和辅助者，帮助学生发现自己的潜能，培养他们的自主学习能力和创新精神。这一转变不仅提高了教学效果，还让学生在学习过程中获得了更多的成就感和满足感。他们开始意识到学习并非一种负担，而是一种探索和发现的过程。在这种新的教学理念下，学生变得更加积极主动，乐于参与课堂讨论和实践活动，从而实现了真正的全面发展。

（二）全面发展的教学观

健雅文化在教育教学中所倡导的，实际上是学生的全面发展这一多维度、深层次的培育理念。在这种文化的引领下，学生的发展不再局限于单一的知识积累，而是扩展到了知识、技能、情感态度等多个层面。这一变革性的教学理念，正在逐步改变着传统的教学模式和教育目标。在健雅文化的熏陶下，教师深刻认识到，教育的目标不仅仅是传授知识，更重要的是塑造一个完整的人。因此，在教学过程中，他们不再仅仅关注学生的分数，而是将更多的注意力放在了培养学生的实践能力、创新思维以及人际交往能力上。这种关注点的转变，实际上是对教育本质的回归，即教育应该为了人的全面发展而服务。实践能力是现代社会对人才的基本要求之一。健雅文化鼓励教师设计具有实践性的教学活动，让学生在亲身体验中学习和成长。通过这种方式，学生不仅能够将所学知识应用到实际中，还能在解决问题的过程中锻炼自己的动手能力和解决问题的能力。创新思维是培养未来社会所需创新型人才的关键。健雅文化倡导教师在教学过程中激发学生的好奇心和探索欲，鼓励他们勇于尝试、敢于创新。在这种氛围下，学生的思维变得更加活跃，他们开始敢于挑战传统观念，提出自己的新想法和新观点。人际交往能力也是健雅文化所强调的重要素质之一。在现代社会中，人与人之间的沟通与合作变得越来越重要。因此，教师在教学过程中也注重培养学生的团队合作精神和沟通技巧，使他们在与他人合作时能够更加得心应手。

二、提升教学质量与效果

（一）优化教学环境与氛围

1. 营造积极向上的课堂气氛

健雅文化的引入，为课堂注入了新的活力，使得课堂氛围焕发出前所未有的积极向上的气息。在这种文化的熏陶下，教师开始转变传统的教学方式，不再是一味地灌输知识，而是更加注重与学生的互动交流。他们鼓励学生积极参与课堂讨论，不仅倾听学生的声音，还给予他们充分的表达空间。在课堂上，学生不再是被动接受的听众，而是成为主动参与者。他们被鼓励提出自己的观点和疑问，这种自由开放的学习氛围让他们更加勇于表达、敢于质疑。每当学生提出一个新颖的观点或者独到的见解时，都会得到教师的认可和同学的掌声，这无疑进一步激发了他们的学习兴趣。这种积极的课堂氛围，就像一股清新的风，吹散了传统课堂的沉闷和枯燥。学生在这种环境中学习，不仅知识掌握得更加牢固，更重要的是，他们的学习积极性和主动性得到了显著提高。他们开始主动预习、复习，积极参与课堂内外的各种活动，甚至自发组织学习小组，共同探讨学习中的难题。健雅文化的引入，不仅改变了课堂氛围，更深刻地改变了学生的学习态度。他们变得更加自信、自主，对知识的渴望和对学习的热情也日益高涨。这种变化，无疑是健雅文化对教育教学产生的深远影响之一，也是其推动学生全面发展的有力证明。

2. 创建和谐师生关系

健雅文化所倡导的尊重与平等，不仅仅是一种理念，更在实际教学中得到了深刻体现。在这种文化的引领下，教师开始重新审视自己与学生的关系，致力于营造一个和谐融洽的教学环境。在传统的教学模式下，师生之间的关系往往存在着一定的距离感，学生可能会对老师产生畏惧心理，从而影响学习效果。然而，在健雅文化的熏陶下，教师开始关注学生的个体差异和需求，尊重每一个学生的独特性和人格尊严。他们不再以一成不变的标准去衡量学生，而是采用更加人性化的方式进行教育引导。这种和谐的师生关系，让学生感受到了前所未有的温暖和关怀。他们开始敢于向老师提问，愿意与老师分享自己的想法和困惑。教师也乐于倾听学生的声音，给予他们耐心的解答和指导。在这种互动中，学生的畏惧心理逐渐消除，取而代之的是对学习的热爱和对知识的渴望。同时，这种和谐的师生关系也极大地提升了学生的学习自信心。他们开始相信自己的能力和潜力，愿意主动去探索和学习。当学生在学习上遇到困难时，他们会积极寻求老师的帮助，而不是选择逃避或放弃。这种积极的学习态度，无疑对提高教学质量与学习效果起到了重要的推动作用。

（二）提高学生学习动力与成绩

1. 激发学生学习动力

健雅文化在教育领域中的独特之处在于其对学生全面发展的重视，尤其是对学生兴趣爱好和特长的精心培养。在这种文化的指导下，教师深刻理解到每个学生都是独一无二的，他们各自拥有不同的兴趣、优势和潜力。因此，在教学过程中，教师不再拘泥于传统的、一成不变的教学内容和方法，而是灵活地结合学生的实际兴趣和需求，设计出既具有挑战性又富有趣味性的学习任务。这种个性化的教学方式，实质上是一种因材施教教育理念的具体实践。它要求教师深入了解每个学生，发现他们的兴趣点和擅长的领域，然后有针对性地制定教学方案。例如，对于热爱音乐的学生，教师可以通过创作歌词或旋律的任务，让他们在音乐的世界里自由翱翔；对于喜欢绘画的学生，教师可以设置以某个主题进行绘画创作的作业，让他们在色彩和线条中表达自己的思想和情感。通过这种方式，学习不再是枯燥无味的填鸭式教育，而是变成了一场场充满乐趣和挑战的探险。学生在面对自己感兴趣的学习任务时，会表现出更高的热情和动力，他们愿意投入更多的时间和精力去探索、去实践。这种投入不仅让他们在学习过程中获得了知识和技能，更重要的是，他们在其中找到了自我价值和成就感，这对于他们的长远发展具有不可估量的积极影响。

2. 提升学生学业成绩

在健雅文化的深远影响下，教育领域正经历着一场静悄悄的变革。教师开始更加关注学生的学业进展，因为每一个学生都是独特的个体，都需要细致的关怀和引导。因此，在教学过程中，教师会时刻留意学生的学习状态，一旦发现学生在某个知识点上存在困惑，便会及时伸出援手，给予专业的指导和帮助。这种关注并不仅限于课堂之上，课后，教师也会主动与学生沟通，了解他们的学习情况和心理状态。对于那些在学习上遇到困难的学生，教师更是会耐心倾听，鼓励他们勇敢面对挑战，并一起探讨解决问题的方法。与此同时，学生也能感受到教师的关心和期望。他们明白，只有更加努力地学习，才能不辜负这份深厚的期望。这种良性的师生互动，不仅让学生感受到了学习的乐趣和价值，更让他们在学业上取得了显著的进步。学业成绩的提升，不仅是学生努力学习的成果，也是教师精心指导的回报。这种提升进一步证明了健雅文化对教学质量与学习效果的积极影响。

三、促进学生全面发展

（一）知识技能的全面提升

1. 拓展知识面与深化理解

健雅文化的核心理念之一，便是鼓励学生不满足于课本的局限，勇于探索知识的海洋，广泛涉猎各个领域。在这种文化的熏陶下，学生开始自发地对各种知识产生浓厚的兴趣，他们不再将学习视为一项任务，而是一种享受，一种对未知世界的探索。为了满足自己的求知欲，学生开始积极寻找各种资源来丰富自己的知识储备。他们阅读各类书籍，从历史到科学，从文学到艺术，每一本书都为他们打开了一个新世界的大门。在这些书籍中，他们不仅学到了知识，更学会了思考，学会了如何从不同的角度去看待问题。此外，学生还热衷于参加各种讲座。这些讲座不仅由学校的教师主讲，还邀请了各行各业的专家来分享他们的经验和见解。通过这些讲座，学生得以接触到最前沿的学术动态，了解到各个行业的最新发展。这不仅拓宽了他们的视野，更激发了他们对未来的无限憧憬。在这种积极的探索中，学生的知识面得到了极大的拓展。他们不再局限于课本上的知识，而是对各个领域都有了更深入的了解。同时，他们的理解能力也得到了显著的提升。他们开始能够从更广阔的角度去理解问题，能够更深入地挖掘事物的本质。这种拓展与深化，不仅使他们在学业上取得了优异的成绩，更为他们在未来的道路上奠定了坚定的基础，让他们能够走得更远、更稳。

2. 技能训练的强化

知识的掌握仅是教育的一部分，更为关键的是将这些知识转化为实际的操作技能。为了达成这一目标，健雅文化不仅重视课堂内的理论教学，更致力于通过各种实践活动和技能培训来强化学生的实际操作能力。在健雅文化的引领下，学校会定期组织丰富多样的实践活动。这些活动可能是实地考察，让学生亲身体验知识的应用场景；可能是实验操作，让学生在亲自动手中感受科学的魅力；还可能是社会实践，让学生在解决实际问题中锻炼自己的综合能力。每一次实践，都是对学生理论知识的一次检验，也是对他们技能提升的一次机会。此外，健雅文化还非常注重技能培训的开展。学校会邀请各行业的专家来校进行指导，或者组织学生参加专业的技能培训课程。这些培训不仅针对学生的专业需求，更注重培养学生的通用技能，如团队合作、沟通能力等。通过这样的培训，学生不仅能够在专业技能上有所提升，还能够在综合素质上得到全面的发展。通过这些实践活动和技能培训，健雅文化成功地将理论知识与实践操作相结合，使学生在学习的过程中不断积累实际操作经验，掌握更多实用的技能。这样的教育模式，不仅让学生在校期间就能够拥有扎实的技能基础，更为他们将来步入社会，成为各行业的优秀人才做了充分的准备。

（二）情感态度与价值观念的塑造

1. 培养积极情感态度

健雅文化作为一种深具影响力的教育理念，始终将积极向上的情感态度视为其核心价值之一。它鼓励学生以乐观的心态去面对生活中的困难和挑战，坚信只有心态积极，才能在逆境中寻找到出路，才能在挫折中不断成长。在健雅文化的引导下，学生逐渐认识到，保持乐观和坚韧是应对困难的重要法宝。当他们在学习过程中遇到难题，或者在生活中遭遇挫折时，这种积极向上的情感态度就会成为他们前进的动力。他们不会轻易被困难所打倒，而是会勇敢地迎接挑战，努力寻找解决问题的方法。这种情感态度的培养，对于学生的心理健康有着深远的影响。一个拥有积极情感态度的人，往往能够更好地调节自己的情绪，保持内心的平衡与和谐。他们更容易感受到生活的美好，更容易与他人建立良好的关系，从而在心灵上获得更多的滋养。更为重要的是，这种积极向上的情感态度还能提升学生在未来生活中的抗压能力。在快节奏、高压力的现代社会中，抗压能力已经成为一项必备的生活技能。而健雅文化所倡导的乐观和坚韧，正是提升抗压能力的重要基石。当学生走向社会，面对各种压力和挑战时，他们将能够凭借这种积极的情感态度，更好地应对各种困境，保持内心的强大与坚定。

2.树立正确的价值观念

在健雅文化的深厚熏陶下，学生不仅在知识技能上得到了全面的提升，更在心灵深处逐渐树立起了正确的价值观念。这种文化的力量，如同春雨般潜移默化，影响着每一个学生的思想和行为。尊重他人，是健雅文化所强调的重要价值观念之一。在日常的学习和生活中，学生学会了倾听他人的意见，理解他人的感受，不轻易打断或嘲笑他人。他们明白，每个人都有自己独特的观点和经历，都值得被尊重和理解。这种尊重不仅体现在言语上，更体现在行动上，如主动帮助他人、关心他人的需求等。珍视友谊，也是健雅文化所倡导的核心价值观念。学生在这里结识了志同道合的伙伴，共同度过了许多难忘的时光。他们学会了如何与他人建立深厚的友情，如何在困难时为彼此提供支持。这种友谊不仅让他们感受到了温暖和陪伴，更让他们在人生的道路上不再孤单。勇于承担责任，是健雅文化对学生的又一重要期望。在面对错误和困难时，学生不再逃避或推卸责任，而是勇敢地站出来，承认自己的错误并努力改正。他们深知，只有勇于承担责任，才能真正成长为一个有担当的人。

（三）创新思维与能力的培养

1.激发创新思维

健雅文化以其开放、包容、创新的精神，深深地影响着每一个学生。在这种文化的熏陶下，学生被鼓励去勇于尝试新事物，敢于挑战那些根深蒂固的传统观念。这种勇于突破的精神，为学生提供了一个广阔的思维空间，让他们的想象力得以自由驰骋。在这样的氛围中，学生的创新思维如同被点燃的火花，开始迸发出耀眼的光芒。他们不再满足于被动接受知识，而是开始主动思考，敢于对既有的观点提出质疑。这种质疑精神，正是创新思维的源泉，它推动着学生去深入探索事物的本质，去寻找那些被忽视的真相。同时，健雅文化也为学生提供了一个勇于探索的环境。在这里，学生可以自由地发表自己的观点，可以大胆地尝试不同的方法，可以在失败中汲取经验。这种无畏的探索精神，让学生在创新的道路上越走越远，也为他们未来的创新发展奠定了坚实的基础。

2. 提升解决问题能力

在健雅文化的深入引导下，学生不仅锤炼了发现问题的能力，更在如何有效地解决问题上取得了显著进步。这种文化的核心理念在于培养学生的独立思考与实际操作能力，使他们能够在面对各种挑战时，迅速而准确地找到应对之策。在日常的学习和实践中，学生被鼓励去主动发现问题，这不仅仅是对知识的探求，更是一种对未知领域的探索精神。而发现问题只是第一步，更重要的是如何运用所学知识去有效地解决这些问题。健雅文化正是通过一系列的实践活动和案例分析，帮助学生建立起一套完整的解决问题的方法论。学生在这种文化的熏陶下，逐渐形成了面对问题时的冷静与理性，他们学会了从不同角度去审视问题，并能够灵活运用所学知识，结合实际情况，提出切实可行的解决方案。这种解决问题的能力，不仅体现在学习层面上，更渗透到了他们日常生活的方方面面。当面对复杂多变的问题时，学生能够迅速调动自己的知识储备和实践经验，进行综合分析，最终找到最佳的解决路径。这种能力的提升，不仅增强了他们的实践能力，更让他们在应对突发情况时表现出极高的应变能力。

四、丰富教学内容

（一）拓展知识领域

1. 多学科融合教学

多学科融合教学是健雅文化在教学领域里的一项重要革新。在传统的教育模式下，学科之间往往是相互独立的，各个科目的知识像被一道道墙隔开，学生难以窥见它们之间的内在联系。然而，健雅文化所倡导的多学科融合教学，正是为了打破这种隔阂，让学生能够更加全面地理解世界。在这一教学理念下，文学、历史、科学、艺术等多个学科不再是孤立的存在，而是相互交织、相互影响的。比如，在历史课堂上，教师不再仅仅局限于讲述历史事件的发生和发展，而是将这些历史事件与当时的文学艺术作品相联系。学生可以通过阅读那个时代的诗歌、小说，更直观地了解当时的社会风貌和人们的思想情感。同时，科学技术的进步也是推动历史发展的重要力量，将科学技术的发展融入历史教学中，可以让学生更深刻地理解历史变迁背后的动力。这种多学科融合的教学方式，不仅极大地丰富了教学内容，使课堂变得更加生动有趣，而且激发了学生的探究兴趣。学生不再被动地接受知识，而是主动地探索各个学科之间的内在联系，这有助于培养他们的综合思维能力和跨学科解决问题的能力。在解决复杂问题时，学生能够灵活运用多学科的知识，提出更加全面、深入的解决方案。

2. 引入传统文化与现代文明

在健雅文化的深刻影响下，教学内容的设计变得更为精心与全面，其中特别强调了传统文化与现代文明的结合。传统文化，作为每个国家或民族历史积淀的精华，承载着深厚的民族精神与智慧。在教学中巧妙地融入经典诗词、历史故事等传统文化元素，不仅能够让学生领略到古人的智慧与才情，更能够激发他们对本民族文化的热爱与认同，从而培养出强烈的民族自豪感。健雅文化同时倡导学生积极关注现代文明的发展动态。在这个日新月异的时代，科技前沿的不断推进，社会现象的多元化呈现，都为学生提供了广阔的学习与探索空间。通过了解现代科技的最新成果，学生可以感受到科技的力量与魅力，而深入剖析社会现象，则能增强他们的社会洞察力和批判性思维。这种将传统文化与现代文明相结合的教学内容设计，具有深远的教育意义。它不仅让学生体会到了文化的传承与发展是一个连续不断的过程，而且培养了他们的时代意识，使他们能够紧跟时代的步伐，不断创新与进取。此外，这样的教学内容还有助于学生更好地理解并适应现代社会的多元化与复杂性，为他们未来在社会中的发展打下坚实的基础。

（二）注重实践教学

1. 开展实验与探究活动

实践教学在教育体系中不可或缺，健雅文化尤其重视实验与探究活动的实施。实验作为学生理解和把握知识的桥梁，其意义远超纸面上的理论传授。当学生亲手进行操作，亲眼观察实验现象时，那些抽象的科学原理就变得生动且具体，更易于被学生所吸收和掌握。在化学、物理、生物等科目中，实验教学不仅让学生有机会亲身感受物质的变化、力的作用及生命的奥秘，更重要的是，它增强了学生对知识的理解和应用能力。每一次实验的成功，都是对学生理论知识的实际验证，这种验证过程无疑加深了学生对知识点的理念和认知。而实验教学所带来的不仅仅是知识的巩固，更重要的是，它激发了学生对科学探索的浓厚兴趣。每一次亲手操作的实验，都可能成为学生科学探索旅程的起点。此外，探究活动更进一步地鼓励学生发挥主观能动性，从自主提出问题开始，到设计实验方案，再到收集和分析数据，最终得出结论，这一系列的过程都极大地锻炼了学生的创新思维和实践能力。这样的教学方式，不仅仅是为了应对眼前的学业，更是为了学生未来的长远发展考虑。通过实验教学和探究活动，学生不仅获得了知识，更培养了科学探究的素养，这无疑为他们未来的科学研究打下了坚实的基石。

2. 社会实践与志愿服务

社会实践与志愿服务在健雅文化的实践教学体系中占据着举足轻重的地位。这两项活动不仅为学生提供了一个将课堂所学知识与实际生活紧密结合的平台，更是培育他们社会责任感与公民意识的重要途径。当学生走出课堂，参与到社区服务、环保活动以及扶贫帮困等社会实践活动中时，他们面临的是一个真实且复杂的社会环境。在这样的环境下，学生需要将所学理论知识转化为实际行动，解决现实问题。这一过程不仅检验了学生对知识的掌握程度，更锻炼了他们的实践能力和问题解决能力。在这些社会实践活动中，学生不再是孤立的学习者，而是需要与团队成员、社区居民、活动组织者等多方进行有效沟通和协作。这样的经历极大地提升了学生的组织协调能力、沟通能力和团队合作精神。同时，通过亲身参与社会服务，学生也深刻体会到了作为社会成员的责任与义务，从而更加珍惜和感恩社会给予的一切。志愿服务则更进一步地培养了学生的爱心和奉献精神。在帮助他人的过程中，学生不仅收获了成长和快乐，更学会了如何用心去感受他人的需要，如何用实际行动去传递温暖和关爱。这种实践教学方式，不仅让学生在知识和技能上有所提升，更重要的是，使他们在品格和情操上也得到了极大的熏陶和锤炼。

五、创新教学方法

（一）引入跨学科教学理念

在健雅文化的深刻影响下，教学方法焕然一新，其中最具创新性的便是跨学科教学理念的引入。这一理念的实施，犹如一股清新的风，吹散了传统学科界限的雾霾，为学生打开了一扇通向更广阔知识海洋的大门。跨学科教学理念鼓励学生跳出单一学科的框架，尝试从多学科的角度去审视、分析和解决问题。这种教学方法不仅要求学生具备扎实的基础知识，更要求他们拥有灵活的思维方式和广阔的视野。例如，在探讨某个历史事件时，学生不再仅仅从历史学科的角度去分析其原因和影响，还会结合当时的文学艺术作品来深入理解那个时代的社会风貌和人文精神，或者通过科学技术的发展来探讨历史事件背后的深层原因。文学与历史的交融，让学生能够在欣赏文学作品的同时，更深入地理解历史的发展脉络和人文内涵。科学与艺术的结合，则让学生在探究科学原理的过程中，感受到艺术的魅力和创新精神。这种跨学科的学习方式，不仅让学生获得了更为全面的知识，还培养了他们的综合素养，使他们在面对复杂问题时能够灵活运用多学科的知识和方法来寻求解决方案。通过这种教学方法的培养，学生的思维能力得到了极大的提升，他们开始学会用不同学科的视角来审视世界，这种全新的学习体验让他们的学习过程变得更加丰富多彩，也让他们更加自信地面对未来的挑战。

（二）实践教学与理论教学相结合

健雅文化在教育领域的深远影响，还体现在其推动了实践教学与理论教学的有机结合。在传统的教学模式下，理论教学往往占据主导地位，而学生亲身参与实践的机会相对较少。然而，在健雅文化的引领下，这一状况得到了显著的改善。健雅文化倡导在理论教学的基础上，融入更多的实践教学环节。这些环节包括实验、社会实践等多种形式，旨在让学生在亲身参与的过程中深化对理论知识的理解和应用。例如，在科学课程中，学生不仅学习科学原理，还有机会亲手进行实验，观察实验现象，从而更直观地理解科学知识的实际应用。在社会科学课程中，学生则通过参与社会实践活动，如社区服务、市场调研等，来真实感受社会的运作方式，增强对社会的认知。这种融合了实践教学与理论教学的方法，显著提高了学生的学习兴趣。学生不再是被动地接受知识，而是能够主动地参与到学习过程中，通过实践来检验和巩固所学知识。这种学习方式不仅让学生感到更加生动有趣，还激发了他们的学习热情和探索欲望。同时，实践教学环节的增加也有效培养了学生的动手能力和创新精神。在实验和社会实践中，学生需要亲自动手操作，解决问题，这不仅锻炼了他们的动手能力，还培养了他们的独立思考和创新能力。学生在实践中遇到问题时，需要灵活运用所学知识，寻找新的解决方案，这种过程对于培养他们的创新精神至关重要。

（三）注重学生个体差异，因材施教

健雅文化在教育领域中独树一帜，其核心理念之一便是尊重每个学生的个体差异。这一理念深刻地影响了教学方法的选择和实施，使得因材施教成为教学的关键原则。在传统的教学模式中，学生往往被看作被动接受知识的容器，而他们的个性、兴趣和能力差异则常被忽视。然而，在健雅文化的指引下，教师开始更加关注学生的个体差异，并根据这些差异来制定个性化的教学方案。具体而言，教师会细心观察每个学生的学习能力、学习速度和兴趣爱好，以此为基础设计针对性的教学内容和方法。对于学习能力强、兴趣广泛的学生，教师会提供更具挑战性的学习材料和问题，以激发他们的探索欲望和创新精神。而对于学习基础相对薄弱的学生，教师则会给予更多的指导和支持，帮助他们建立自信，逐步提升学习能力。这种因材施教的教学方法，不仅有助于提高学生的自信心，还能激发

他们的学习积极性。当学生感受到自己的个性和需求被尊重和关注时，他们会更愿意投入到学习中去，积极面对学习中的挑战。同时，个性化的教学方案也有助于学生的全面发展。它允许学生在自己擅长的领域深入探索，同时也鼓励他们在其他领域进行尝试和拓展，从而实现知识的均衡吸收和能力的全面提升。

（四）利用现代技术，丰富教学手段

随着科技的日新月异，健雅文化敏锐地捕捉到了现代技术手段应用于教育领域的巨大潜力，并积极倡导将其融入教学方法中。这种与时俱进的思路，为课堂教学注入了新的活力。多媒体教学是其中的一大亮点。通过音频、视频、动画等多元化的呈现方式，将原本抽象、枯燥的知识点变得生动且直观。例如，在历史课上，通过观看相关历史事件的影像资料，学生仿佛穿越时空，亲临历史现场，这样的教学方式无疑比单纯的文字描述更能吸引学生的注意力，激发他们的学习兴趣。网络教学则打破了时间和空间的限制。学生可以在任何时间、任何地点通过网络平台进行学习，这不仅为学生提供了更多的学习资源和自主学习机会，还使得教学更加灵活多样。在网络教学中，学生可以根据自己的学习进度和兴趣进行个性化学习，教师也可以通过在线交流和互动，及时了解学生的学习情况，并提供针对性的指导。这些现代技术手段的运用，不仅使得教学更加生动有趣，还大大提高了学生的学习效率。学生在轻松愉悦的氛围中学习，更容易吸收和掌握知识。同时，这些技术也为教师提供了更多的教学手段和教学策略的选择，使得教学内容和形式更加丰富多彩，更能满足学生的多样化需求。

第二节　健雅文化对校园文化建设的推动

一、营造积极向上的校园氛围

（一）倡导健康的生活态度

在健雅文化的深刻影响下，学校不仅仅关注学生的学业成绩，更致力于培育学生全面的身心素质。健康，作为个体成长和发展的基石，被摆在了至关重要的位置。学校积极倡导一种健康的生活态度，这不仅仅体现在口头上，更通过实际行动来贯彻。为了让学生深刻感受到身体健康的重要性，学校会定期举办健康知识讲座。这些讲座邀请专业的医生和健康专家，他们通过生动的案例和科学的讲解，使学生了解到保持身体健康对于学习、生活和未来发展的深远影响。通过这些讲座，学生逐渐认识到，健康不仅仅是身体没有疾病，更是一种身心的和谐与平衡。此外，学校还通过丰富多样的体育活动来促进学生的身体健康。无论是足球、篮球、羽毛球等团队运动，还是体操、舞蹈等个人项目，学校都提供了充足的资源和场地。在这些活动中，学生不仅能够锻炼身体，提高体能，还能在运动中学会合作与竞争，培养坚韧不拔的意志和积极向上的生活态度。学校的这些举措，让学生在日常的校园生活中时刻感受到健康的重要性。他们开始自发地关注自己的身体状况，注重饮食营养，保持良好的作息习惯，甚至在课余时间也会主动参与到各种体育活动中去。这种积极向上的生活态度，不仅让学生的身体更加健康，也为他们的未来发展奠定了坚实的基础。在健雅文化的熏陶下，学生逐渐形成了全面、均衡、健康的生活方式，这将伴随他们走向更加美好的未来。

（二）弘扬高雅的文化品位

为了营造高雅的校园文化氛围，学校精心策划并实施了一系列文化活动，其核心目的在于深化学生的审美情趣。这些活动并非空洞的形式，而是真正致力于引领学生在欣赏美的过程中，逐渐提升个人的文化品位，从而在内心中形成对高雅文化的深厚热爱与不懈追求。学校定期开展艺术展览，这些展览不仅展示了古典与现代艺术的交融，还让学生有机会近距离接触到国内外知名艺术家的原作。在欣赏这些精美艺术品的过程中，学生的视野得到了极大的拓宽，他们对于线条、色彩、构图的敏感度也逐渐提升。此外，艺术展览还经常配合专题讲座，邀请艺术家现场解读作品背后的故事和创作灵感，这进一步加深了学生对艺术作品的理解和感悟。音乐欣赏活动则是另一大亮点。学校会组织学生聆听古典乐、民族乐以及世界各地不同的音乐。在音乐会上，学生不仅能沉浸在美妙的旋律中，还能从专业音乐人的解读中，领略到音乐背后的文化意蕴和历史背景。这样的活动极大地提升了学生的音乐素养，也让他们学会了如何用音乐去表达和抒发情感。此外，诗歌朗诵会也是学校营造高雅文化氛围的重要举措。通过朗诵诗歌，学生不仅能够感受到语言的韵律美，还能在字里行间体会到诗人的情感和思想。这种活动不仅锻炼了学生的语言表达能力，还激发了他们对文学艺术的热爱。

（三）加强校园精神文明建设

健雅文化在校园中的推广，不仅关注学生的身体健康和艺术修养，更着眼于校园精神文明的建设。在这一理念的指引下，学校采取了一系列切实有效的措施，以塑造一个和谐、文明的校园环境。评选"文明班级"和"文明学生"就是其中的重要举措。通过这一评选机制，学校旨在树立正面榜样，以优秀班级和学生的行为示范来激励其他学生自觉遵守校园规范，形成良好的道德风尚。这种评选不仅是对学生行为的认可和嘉奖，更是一种精神上的鼓舞和引领。当看到身边的班级和同学因为文明行为而受到表彰时，其他学生自然会受到触动，进而反思并调整自己的行为。与此同时，学校还非常注重学生的心理健康教育。在快节奏、高压力的学习生活中，学生的内心世界往往容易被忽视。然而，健雅文化强调，一个健康的心态对于个体的全面发展至关重要。

（四）塑造正面校园文化

塑造正面校园文化在营造积极向上校园氛围中扮演着举足轻重的角色。文化的力量能够潜移默化地影响学生的心灵，因此，通过积极推广健雅文化的核心理念，学校致力于引导学生树立正确的人生观和价值观念。这种引导并非空洞的说教，而是通过一系列具体而生动的文化活动来实现的。健雅文化的核心理念强调的是健康、优雅的生活方式，注重内外兼修，这不仅符合现代教育的理念，也深受学生的喜爱。学校通过举办各种丰富多彩的文化活动，如艺术节、科技节等，让学生在亲身参与中感受健雅文化的魅力。这些活动不仅为学生提供了展示才华的舞台，更是塑造正面校园文化的重要途径。在这些活动中，学生能够充分发挥自己的创造力和想象力，将自己的理解和感悟融入作品中，从而更好地理解和践行健雅文化。这种深入人心的文化熏陶，使得学生在日常行为规范上更加自律，更加注重个人形象和气质的培养。这种正面校园文化已经深入到学生的思想意识中。他们开始自觉地追求真善美的境界，注重个人素质的全面提升。这种积极向上的精神风貌，不仅让学生在校园生活中更加自信、阳光，也为他们未来的发展奠定了坚实的基础。

（五）构建和谐的校园环境

构建和谐的校园环境，无疑是营造积极向上校园氛围的重要基石。一个优美、整洁且安全的校园环境，不仅为学生提供了舒适的学习和生活空间，更是他们心灵成长的摇篮。学校要发挥环境育人的重要性，要在校园环境的规划和建设上下足功夫。从整体布局到细节雕琢，每一处都要透露出学校对学生的深切关怀。绿化工作要做得尤为出色，郁郁葱葱的树木、五彩斑斓的花卉，不仅美化校园，还能为学生带来清新的空气和愉悦的心情。同时美化工作也不容忽视，无论是教学楼的外观设计，还是教室内部的装饰布置，都充满艺术气息，让学生在美的环境中受到熏陶。亮化工程则让校园在夜晚熠熠生辉，为学生提供一个安全、明亮的夜间学习环境。除此之外，学校对校园安全管理也要有足够的重视。通过安装先进的监控设备、加强保安巡逻、定期开展安全演练等措施，确保学生在一个安全稳定的环境中学习和生活。这种安全感让学生和家长都倍感放心，也为学生的学习和成长提供了坚实的保障。这种和谐的校园环境，无疑提升了学生的幸福感和满意度。学生在如此优美的环境中学习、生活，自然而然地形成了一种积极向上的生活态度和学习氛围。他们更加珍惜在学校的每一刻，努力学习，积极参与各种活动，争取全面发展。而这种积极向上的氛围，又反过来促进了校园环境的进一步优化，形成了一个良性循环。

二、打造具有特色的校园文化品牌

（一）明确品牌定位与特色

1. 品牌定位分析

品牌定位在构建校园文化品牌中占据着举足轻重的地位。对于学校来说，这一步骤尤为关键，因为它需要对学校的深厚历史、独特办学理念和未来发展规划进行深入剖析。品牌定位并非简单地贴上一个标签，而是对学校内在精神的凝练和表达。它不仅反映了学校在教育领域的独特地位，更传递了学校希望向学生和整个社会传达的核心价值。在进行品牌定位的过程中，必须细致考虑学校师生的真实需求和深切期望。这是因为，一个成功的品牌定位不仅应当与学校内部的实际情况相契合，还要能够回应外部环境的期待。这样的定位，不仅仅是一个方向指引，更是一种文化的传承和创新。它能够在潜移默化中引领学校文化的发展方向，使得学校的每一个角落都充满着独特的文化氛围。一个精准的品牌定位还能为学校赢得更多的社会认同和支持。当学校的品牌定位与其实际行动高度一致时，外界自然会对其产生深厚的信任和好感。这种信任和好感，不仅有助于提升学校的整体形象，更能为学校吸引更多的优质资源和合作伙伴，从而推动学校在教育领域的持续发展。因此，品牌定位不仅仅是一个策略性的选择，更是学校发展的关键因素。

2. 特色挖掘与凝练

每所学校都拥有自己独特的文化和历史，这些深厚的底蕴构成了学校的独特魅力。在这些文化和历史中，蕴藏着许多宝贵的资源，它们代表着学校的精神和灵魂，是学校发展不可或缺的重要元素。特色挖掘与凝练，正是要深入挖掘这些独特的文化和历史资源,进而将其精炼成具有鲜明标识性的文化符号。这一过程对于学校来说意义重大,因为它不仅能够显著增强学校的文化自信,更能在激烈的教育竞争中帮助学校脱颖而出,展现出与众不同的风采。在深入挖掘学校特色的过程中,必须细心探寻学校的各个方面,包括历史悠久的传统活动、独树一帜的教学理念,以及别具一格的校园环境等。通过深入剖析这些元素,能够找到那些真正能够代表学校精神的内核,这些内核正是构成学校特色的基石。值得一提的是,健雅文化的巧妙融入,为学校的特色凝练增添了浓墨重彩的一笔。健雅文化所倡导的健康、雅致的生活方式,与学校传统的教育理念相得益彰,共同构成了更加鲜明、更具吸引力的校园文化特色。这种特色的形成,不仅让学校的文化底蕴更加深厚,也为学生提供了一个更加丰富多彩、充满活力的学习环境。在这样的校园氛围中,学生能够更加全面地发展自己的潜能,培养出独具特色的个性和才华。因此,特色挖掘与凝练不仅是对学校文化的传承和创新,更是为学生打造一个更加优质的教育环境的重要举措。

(二)构建健雅文化氛围

1. 校园环境改造

校园环境作为构建健雅文化氛围的基石,其重要性不言而喻。为了营造这种独特的文化氛围,对校园环境进行全面而细致的改造势在必行。在校园内,可以精心设计和增设一系列以健雅文化为主题的景观,如雕塑和园林小品等。这些景观以健康和雅致为核心,通过艺术的手法将健雅文化的精髓融入其中,使得师生在校园的每一个角落都能深切感受到这种文化的熏陶。除此之外,对校园公共空间的文化布置进行优化也是关键一环。墙面、走廊等公共空间可以成为展示健雅文化内容的绝佳平台。在这些空间上,可以悬挂或张贴与健雅文化息息相关的名言警句、艺术作品等,让师生在行走间就能领略到健雅文化的魅力。这种布置不仅可以提升校园的整体文化品位,也使得健雅文化更加深入人心。这些改造措施并非只是为了美观,更重要的是它们能够让校园环境成为传递健雅文化的重要载体。通过环境的潜移默化,师生的思维方式和行为习惯也会受到深远的影响。在这种文化氛围的熏陶下，师生会更加注重健康、追求雅致，从而形成积极向上的校园风气。

2. 文化活动策划与执行

为了更深入地推广健雅文化，精心策划并执行一系列丰富多样的文化活动显得尤为重要。这些活动将紧密围绕健雅文化的核心理念，通过多种形式和内容，将健雅文化的魅力淋漓尽致地展现出来。例如，可以定期邀请校内外专家、学者和艺术家来校举办健雅主题的讲座、研讨会和展览。通过这些活动，师生可以近距离接触到最前沿的学术观点和艺术作品，从而拓宽视野，提升文化素养和审美水平。同时，这也能为学校注入新的文化活力，使健雅文化的推广更加深入人心。此外，鼓励学生自发组织与参与文化活动也是推广健雅文化的重要途径。学生可以自发举办艺术作品展、摄影展、诗歌朗诵会等，将自己的创意和才华充分展示出来。这不仅能让学生在实践中深刻体验健雅文化的独特魅力，还能有效培养他们的创新思维和团队协作能力。同时，这些由学生自发组织的文化活动也能更好地贴近学生的实际需求，使健雅文化的推广更加具有针对性和实效性。通过这些精心策划和执行的文化活动，期望能够在校园内营造一种积极向上、健康雅致的文化氛围。这种氛围不仅能让学生在学习和生活中感受到美的熏陶，还能激发他们的创造力和探索精神，为培养全面发展的人才奠定坚实基础。同时，这些文化活动也能成为学校的一张亮丽名片，展示学校的文化特色和办学实力，进一步提升学校的知名度和影响力。

（三）推进健雅文化教育实践

1. 课程整合与创新

为了将健雅文化深入融入教育体系，课程整合与创新显得尤为关键。这一过程中，对现有课程体系的全面审视是不可或缺的步骤，其目的在于探寻健雅文化与各类课程之间的潜在联系与结合点。这种整合并非仅限于人文、艺术等领域的课程，而是力求在科学、数学等传统上被视为与文化教育相对独立的学科中，也巧妙地融入健雅的理念。以科学课程为例，教师可以借助对自然规律的探索，引导学生思考自然与健康的内在联系。通过讲解生态环境对人体健康的影响，不仅能增强学生对科学知识的理解，还能使他们更加珍视和追求健康的生活方式。这种跨学科的整合方法，有助于打破学科壁垒，让学生在学习各门学科的过程中，都能感受到健雅文化的熏陶。与此同时，教师的课程创新能力也是推动健雅文化融入教育体系的重要力量。学校可以鼓励教师根据自身的专长和学生的兴趣，开发出以健雅文化为核心的校本课程。比如，可以设计一门名为"健雅生活"的选修课，通过系统化的教学内容，帮助学生全面了解健雅文化的深刻内涵和实践方法。这样的课程不仅能丰富学生的课余生活，还能让他们在亲身体验中深化对健雅文化的理解，从而在日常生活中更加自觉地践行健雅的生活方式。通过这些课程整合与创新的举措，培养学生在掌握知识技能的同时，也能深刻理解健雅文化的价值所在，并将其内化为自身的行为准则。

2. 实践活动设计

实践活动在推进健雅文化教育中占据着举足轻重的地位。为了让学生更加深入地领略健雅文化的魅力，设计一系列以健雅文化为主题的实践活动显得尤为重要。这些活动不仅丰富多彩，而且能够让学生在亲身体验中获得深刻的感悟。以健雅文化体验营为例，这是一项富有创意和教育意义的实践活动。通过组织学生参观那些具有深厚健雅文化底蕴的历史古迹，学生可以亲身感受健雅文化的历史厚重感和独特魅力。在古迹中的每一块石头、每一处雕刻上，都蕴藏着健雅文化的精髓，等待着学生去探寻和领悟。此外，以健雅为主题的艺术创作活动也是实践活动的亮点之一。这类活动为学生提供了一个展示自我、发挥创造力的平台。在艺术创作的过程中，学生需要深入挖掘健雅文化的内涵，将其融入自己的作品中。这一过程不仅锻炼了学生的艺术素养，还让他们更加深刻地理解了健雅文化的精神实质。而研学旅行则是一种更加开放和多元的实践方式。它以健雅文化为核心，让学生在行走中学习、感悟。在研学旅行的过程中，学生可以亲身体验到不同地域的健雅文化特色，从而拓宽视野，增长见识。这种实践方式不仅能够增强学生的综合素质，还能培养他们对健雅文化的热爱和尊重。

（四）建立品牌传播机制

1. 校内宣传与推广

为了在校内有效推广健雅文化品牌，制订一份全面的宣传推广计划是至关重要的。在这个过程中，充分利用校园内的各种宣传平台成为关键一环。例如，可以通过校园广播定期播放与健雅文化息息相关的节目，让师生在课间休息时也能感受到这种文化的熏陶。同时，在校园内的海报栏、宣传栏等显眼位置，张贴精心设计的健雅文化海报和宣传资料，以视觉冲击力吸引师生的注意。除了这些传统的宣传方式，互联网和社交媒体也是现代宣传推广的重要渠道。学校官网可以开设专门的健雅文化板块，定期更新相关内容，为师生提供一个便捷的信息获取平台。同时，在社交媒体上积极发布健雅文化的动态，通过互动和分享，让这种文化在更广泛的范围内传播开来。此外，组织系列高质量的讲座、展览和文化活动同样是推广健雅文化的重要手段。通过邀请在健雅文化领域有深入研究的专家学者和艺术家来校交流，不仅可以为师生带来前沿的学术观点和艺术作品，还能进一步增强校内师生对健雅文化的认同感和归属感。鼓励师生积极参与到健雅文化的推广活动中来也是至关重要的。举办以健雅文化为主题的征文比赛、摄影大赛等活动，不仅能激发师生的创造力和热情，还能让他们在亲身参与中更深刻地理解和传播健雅文化的核心价值。通过这些丰富多彩的推广活动，校内将逐渐形成浓厚的健雅文化氛围，进一步巩固和提升健雅文化品牌的影响力。

2. 校外交流与合作

校外交流与合作对于扩大健雅文化品牌的影响力而言，是一条不可或缺的重要途径。为了更广泛地传播健雅文化的魅力，积极寻求与其他学校、文化机构以及社区的合作显得尤为重要。通过搭建起这些合作桥梁，可以共同举办丰富多彩的文化交流活动，将健雅文化的核心理念与独特价值展现给更广泛的受众。参与各类教育论坛和文化节等活动，是展示健雅文化教育成果的重要方式。在这些平台上，可以与来自全国各地的教育工作者和文化爱好者分享健雅文化的教育理念、实践案例以及所取得的成效。这不仅能够吸引更多人的关注和认可，还能为健雅文化的发展注入新的活力和灵感。同时,充分利用校外媒体资源进行品牌宣传也是关键一环。通过与主流媒体建立合作关系,可以让健雅文化的声音传播得更远、更广。无论是通过新闻报道、专题节目还是在线访谈等形式,都能让更多人了解和认识到健雅文化的独特之处。这些校外交流与合作不仅有助于提升健雅文化的知名度,更能够为其品牌价值的传递创造有利条件。通过这些努力,期望健雅文化能够触达更广泛的人群,特别是年轻一代,激发他们对健康、雅致生活方式的向往和追求。长远来看,将为社会培养出更多具备健雅品质的人才,为构建更加和谐、文明的社会环境贡献力量。

三、增强校园文化的教育引导功能

(一)以健雅文化为引领,明确教育方向

健雅文化,作为校园文化中一颗璀璨的明珠,其所蕴含的教育价值不容忽视。这种文化不仅仅是一种生活方式的体现,更是一种精神追求和价值观念的彰显。通过大力弘扬健康、雅致的生活态度,健雅文化在无形中为校园生活勾勒出一幅清晰的画卷,为学生提供了明确的行为指南。在这幅画卷中,学生可以深刻感受到健康生活方式的重要性。健雅文化倡导的是一种积极向上的生活态度,它鼓励学生珍惜身体,注重饮食健康,定期体育锻炼,从而培养出强健的体魄和坚韧的意志。这种对健康的追求,不仅有助于学生在面对学业压力时保持良好的心态,更是他们未来走向社会、承担更多责任的重要基石。同时,健雅文化还强调雅致的生活品位。它鼓励学生在生活中追求美、发现美,无论是衣着打扮还是言谈举止,都体现出一种高雅而不失内涵的气质。这种雅致不仅提升了学生的个人魅力,还让他们在与人交往中更加自信、从容。健雅文化在潜移默化中帮助学生树立了正确的世界观、人生观和价值观。它引导学生认识到,生活的意义不仅在于追求物质的富足,更在于精神的充实和内心的满足。在这种文化的熏陶下,学生更加注重提升个人修养,追求真善美的境界,从而成为有担当、有情怀、有追求的新时代好青年。

（二）融入课堂教学，提升文化素养

将健雅文化巧妙地融入课堂教学，无疑是一种创新且有效的途径，能够增强其教育引导功能。课堂教学作为学生接受知识的主要场所，具有极高的影响力和塑造力。在各学科的教学中，有意识地渗透健雅文化的核心理念，不仅能够为传统的教学内容增添新的活力和深度，更能够在潜移默化中提升学生的整体文化素养。以文学课程为例，教师可以精心挑选一些健康、雅致的文学作品作为教学素材。这些作品不仅文笔优美，更蕴含了深厚的文化底蕴和人生哲理。当学生在教师的引导下沉浸在这些文学作品中时，他们不仅能够欣赏到文字的美，更能够透过字里行间领悟到健雅文化的独特内涵。这种教学方式不仅提升了学生的审美情趣，还让他们在阅读的过程中自然而然地接受了健雅文化的熏陶。此外，同样可以将健雅文化的理念融入其他学科。比如在历史课程中，可以通过讲述历史上的文人墨客如何追求健康雅致的生活方式，来引导学生理解并接受这种文化。在科学课程中，可以探讨科学与健雅生活的关系，让学生明白科学不仅可以推动社会进步，还能够提升个人的生活品质。通过这种方式，健雅文化在课堂教学中得到了广泛的传播和推广。学生在学习的过程中，不仅能够掌握到扎实的学科知识，更能够在潜移默化中提升自己的文化素养，形成健康、雅致的生活态度和价值观念。

（三）开展实践活动，深化教育效果

实践活动在校园文化中占据了举足轻重的地位，它们是校园文化教育引导功能得以实现的重要载体。通过精心组织以健雅文化为核心的实践活动，学校能够为学生提供一个亲身参与、切身体验健雅文化的平台。诸如文化艺术节这样的活动，不仅展示了学生的才艺，更是健雅文化的一种生动展现。在艺术节的舞台上，学生通过歌舞、戏剧、书画等多种形式，传达出健康、雅致的艺术追求。这些活动不仅锻炼了学生的艺术修养和表现力，更让他们在准备和参与的过程中，深刻体会到健雅文化的魅力和内涵。而健康生活方式挑战赛则是一种更加贴近学生日常生活的实践活动。通过这类活动，学生可以在亲身体验中了解到健康饮食、规律作息和适量运动的重要性。在挑战赛中，学生不仅要学习如何制定合理的健康计划，还要在实际操作中不断调整和完善，以达到最佳的生活状态。这一过程不仅提升了学生的自我管理能力，也让他们更加深入地理解了健雅文化的核心理念。这些以健雅文化为主题的实践活动，不仅极大地丰富了学生的课余生活，还为他们提供了展示自我、提升自我的宝贵机会。更为重要的是，通过这些活动，学生能够在实践中深化对健雅文化的理解，从而更有效地发挥其教育引导功能。

（四）营造文化氛围，潜移默化影响

校园文化氛围的营造，对于其教育引导功能的发挥具有不可忽视的重要性。一个充满健雅文化氛围的校园，就像是一本打开的书，每一页都散发着文化的气息，让学生在其中自由地汲取知识的营养。为了营造这种氛围，学校可以在显眼的位置设置健雅文化的宣传栏。这些宣传栏可以定期更新，内容涵盖健康的生活方式、雅致的艺术作品以及具有引导性的名言警句。每当学生经过，都能感受到这些宣传栏所传递的正能量，从而在心中埋下健雅文化的种子。此外，校园内的标语也是一种有效的宣传方式。简洁而有力的标语，如"健康生活，雅致人生"，不仅能够提醒学生时刻保持健康的生活习惯，还能激发他们的向上心和追求美好生活的愿望。除了静态的宣传方式，学校还可以定期举办与健雅文化相关的讲座和展览。这些活动能够为学生提供更为深入的学习机会。在讲座中，专家学者可以分享关于健雅文化的最新研究成果，或者探讨如何将健雅文化融入日常生活中。而展览则可以展示与健康、雅致生活相关的艺术品或实物，让学生在欣赏的同时，也能对健雅文化有更直观的认识。当学生在这样一个充满健雅文化氛围的校园中学习和生活时，他们会不自觉地受到这种文化的熏陶。长时间的浸润，会让学生的思想和行为发生积极的变化。他们会更加注重自己的健康，追求雅致的生活，同时也会将这种理念传递给周围的人，从而形成一个良性的循环。

第三节　健雅文化对师生精神风貌的塑造

一、培养师生高尚的道德情操

（一）倡导正直诚信的品格

健雅文化着重强调正直与诚信的价值观念。正直，代表着行为的端正与坦荡；诚信，则象征着人与人之间的信赖与真诚。当这种文化在校园中得到广泛推广时，其深远的影响力就开始逐步显现，尤其是对师生道德品质的塑造和提升。在校园中，健雅文化的传播像一股清新的风，吹拂在每一个角落。这种文化的核心理念——正直与诚信，如同种子一般，在师生的心田中生根发芽。正直，是让人们行事坦荡、无愧于心；诚信，则是让人们之间建立起深厚的信任基础，共同维护着校园的和谐与稳定。为了更有效地推广健雅文化，学校常常会通过树立榜样的方式来激励师生。这些榜样，或许是在学业上取得优异成绩的学子，或许是在日常生活中始终坚守正直与诚信的师长。他们的故事和行为，成为师生学习和效仿的对象，激励着大家在日常生活中践行这些崇高的价值观念。此外，开展主题教育活动也是推广健雅文化的重要手段。通过这些活动，师生可以更加深入地了解正直与诚信的内涵和意义，从而在思想上产生共鸣，在行动上形成自觉。这些活动形式多样，可能是讲座、辩论赛、情景剧表演等，但都旨在让师生在轻松愉快的氛围中接受健雅文化的熏陶。以此让师生的道德品质得到了显著提升。让他们不仅在行为上更加规范，更在心灵深处种下正直与诚信的种子。

（二）培养师生责任感与担当精神

健雅文化不仅关注师生的道德品质，还特别注重培养他们的责任感和担当精神。这种培养并非空洞的说教，而是通过实实在在的校园活动来达成。其中，组织各类志愿服务和社会实践活动便是一种极为有效的方式。在校园内，师生可以参与到敬老院服务、环保活动、支教项目等多种形式的志愿服务中。这些活动让师生走出课堂，直面社会，亲身体验到为社会作出贡献的喜悦和成就感。在这些实践中，师生不仅锻炼了自己的能力，更深刻地理解了社会责任的真正含义。同时，社会实践活动也为师生提供了一个了解社会、认识国情的重要窗口。通过实地考察、调研，师生能够亲身感受到国家的发展变化，以及自己在这些变化中所能扮演的角色。这种直观且生动的教育方式，远比单纯的课堂教学更能触动人心，也更能激发师生的责任感和担当精神。这种责任感和担当精神的培养，对于师生个人的成长和发展具有深远的影响。一个有责任心的人，无论在学习还是工作中，都会更加认真负责，更容易取得成功。而这种精神的力量，也会进一步传递到社会的每一个角落。当师生将这份责任感和担当精神带到未来的生活和工作中时，他们将成为推动社会进步的重要力量。无论是在科技创新、文化传承，还是在社会服务、公益事业等领域，他们都将以积极的态度和实际的行动，为社会的繁荣和发展贡献自己的一份力量。

（三）弘扬尊老爱幼、助人为乐的传统美德

健雅文化这一融合了传统与现代的文化理念，不仅注重道德情操和责任感的培养，还积极倡导尊老爱幼、助人为乐的传统美德。这些美德，作为中华民族文化的瑰宝，历经千年仍熠熠生辉，对于塑造和谐的人际关系、培养健全的人格品质具有不可替代的作用。在校园中，健雅文化的这一理念得到了生动的体现。学校通过开展丰富多彩的教育活动，如主题班会、道德讲堂、情景剧表演等，将尊老爱幼、助人为乐的美德融入其中。这些活动形式新颖、内容丰富，能够吸引师生的积极参与，让他们在轻松愉快的氛围中接受美德的熏陶。在这些教育活动的引导下，师生逐渐认识到尊老爱幼、助人为乐不仅是中华民族的传统美德，更是现代社会中不可或缺的道德准则。他们开始在日常生活中自觉践行这些美德，对待长辈恭敬有礼，对待晚辈关心爱护，对待他人热情帮助。这种美德的践行，不仅提升了师生的道德素养，还为校园的和谐稳定注入了正能量。这些美德的践行也为师生的全面发展创造了良好的环境。一个充满爱与关怀的校园，必然能够激

发出更多的创造力和创新精神。师生在这样的环境中学习、生活，不仅能够获得知识的滋养，更能够培养出健全的人格和优秀的品质。

二、提升师生的文化素养与审美情趣

（一）丰富文化知识储备

1. 推广经典阅读

经典著作的深厚底蕴对于塑造人的精神风貌有着不可替代的作用。因此，健雅文化特别鼓励师生去广泛涉猎各类经典著作，这些经典不仅仅是文学的瑰宝，更是历史的见证和哲学的载体。为了让师生能够更深入地理解和欣赏这些经典，健雅文化倡导定期举办读书会、经典诵读等活动。在读书会上，师生可以共同探讨一部经典著作，分享彼此的阅读感受和理解。这种交流不仅能够激发新的思考，还能够加深师生对于经典著作的理解。经典诵读活动则更侧重于让师生通过朗读，亲身感受经典文学的美妙和深邃。在诵读的过程中，师生可以更加直观地体会到语言的力量和文字的韵律，从而进一步领略到经典文学的魅力。通过这些活动，健雅文化成功地为师生培养起了对文学、历史、哲学等多领域的浓厚兴趣。师生开始主动去寻找和阅读更多的经典著作，希望在经典中寻找到智慧的火花和人生的启示。这一过程中，他们的知识视野得到了极大的拓宽，不再局限于单一的学科或领域。更为重要的是，通过涉猎各类经典著作，师生的文化素养和人文情怀也得到了显著提升。他们开始更加关注和思考人类文明的演进、社会的发展以及人性的探索等深层次问题。这种对于文化和人文的深刻理解和关注，不仅丰富了他们的精神世界，也让他们在日常生活中表现出更高的文化素养和更深的人文情怀。

2. 开设文化讲座与课程

学校作为一个教育和培养未来社会栋梁的重要场所，文化的传承与创新对于塑造学生全面发展至关重要。因此，邀请文化名人、专家学者来校举办讲座，成为一种富有远见的教育方式。这些讲座不仅为师生提供了一个与知识渊博的大师们面对面交流的平台，更是打开了一扇窥探中华文化博大精深的窗户。当文化名人和专家学者踏入校园，他们所带来的不仅仅是专业的知识和独到的见解，更是他们与中华文化的深厚渊源和独特体验。他们的每一次讲述，都仿佛是在用智慧的火花点燃师生对于中华文化的好奇心和探索欲。通过这些讲座，师生有机会聆听到关于中华文化传承、历史演变、文学艺术、哲学思想等多个方面的精彩解读。此外，学校还可以考虑开设相关的文化选修课程，将这些讲座的内容进一步系统化和深化。这些课程可以围绕中华优秀传统文化的核心价值和特色展开，结合历史与现实、理论与实践，为师生提供一个全面、深入、系统的学习平台。通过这些课程的学习，师生不仅能够更加全面地了解中华文化的丰富内涵和独特魅力，还能够在思考和探讨中不断提升自身的文化素养和审美能力。与大师们的面对面交流，让师生有机会亲身感受他们的学识与风采，从而激发自己的学习热情和进取精神。这种与高层次人才的近距离接触，无疑会对师生的专业发展和人生规划产生深远的影响。

（二）培养高雅审美情趣

1. 举办艺术展览与演出

学校作为教育和文化的交汇点，深刻理解艺术在教育中的重要地位。为了丰富师生的精神文化生活，提升他们的审美情趣和艺术创作热情，学校可以定期举办各类艺术展览和演出活动。书画展，作为中国传统文化的重要组成部分，不仅展示了师生的书法和绘画才华，还传承了千年的文化底蕴。在书画展中，师生可以欣赏到不同风格、不同流派的书法和绘画作品，从中感受到中国传统艺术的魅力。摄影展则通过镜头捕捉的精彩瞬间，展现了师生对生活的独特观察和感悟。每一张照片都蕴含了一个故事，每一个画面都记录了一个时刻。摄影展不仅让师生欣赏到美的瞬间，还启发了他们去发现生活中的美，去记录自己的故事。音乐会和戏剧表演更是为师生带来了视听盛宴。在音乐会上，无论是古典音乐的优雅，还是现代音乐的激情，都能让师生沉浸在音乐的海洋中，感受到音乐的力量和魅力。而戏剧表演则通过生动的演绎，展现了人性的复杂和多彩，让师生在欢笑、泪水和思考中体验到艺术的真谛。这些艺术展览和演出活动，不仅为师生提供了欣赏艺术作品的机会，更重要的是，它们激发了师生的审美情趣和艺术创作热情。在这些活动的熏陶下，师生开始更加关注艺术，更加热爱生活，他们的精神世界也因此变得更加丰富多彩。同时，这些活动也提供了一个展示才华、交流思想的平台，让师生在艺术的殿堂中相互学习、共同进步。

2. 开展艺术教育与培训

艺术教育在个人全面发展中有着极其重要的作用，因此，学校通过开设艺术教育课程和培训项目，力求为师生提供多元化的艺术学习途径。美术、音乐、舞蹈等艺术课程，不仅教授技巧，更致力于培养每个人的艺术鉴赏能力和审美情趣。在美术课程中，师生可以探索色彩、线条和构图的奥秘，通过亲手实践，感受创作的喜悦。无论是素描的精准，还是油画的厚重，都能让人沉浸其中，领略艺术的无穷魅力。这样的学习过程，不仅锻炼了师生的观察力和表现力，还让他们在绘画的世界中找到了表达自我和感受美的新方式。音乐课程则是另一种灵魂的触动。通过学习乐理知识和演奏技巧，师生能够更深入地理解音乐的内涵，感受音符背后的情感与故事。无论是优雅的古典乐，还是激昂的摇滚乐，都能在他们的指尖舞动，成为表达心情和传递情感的工具。舞蹈课程让师生通过身体的律动来感受艺术的节奏和韵律。在舞蹈中，他们学会了如何用身体去诠释音乐，如何用动作去表达情感。舞蹈不仅锻炼了他们的身体协调性和灵活性，更让他们在舞动中找到了自由和快乐。这些艺术教育课程和培训项目，不仅丰富了师生的业余生活，更提升了他们的审美情趣和艺术修养。艺术成为他们生活的一部分，让他们在忙碌的学习或工作之余，找到了释放压力、陶冶情操的新途径。

三、铸就师生的坚韧意志与积极心态

（一）培养坚韧不拔的意志

坚韧意志对于个人成长与发展尤为重要，因此健雅文化通过精心设计和组织多样化的教育活动和挑战，不断锤炼师生的意志力。这些活动不仅涵盖了学习、体育、艺术等多个领域，还特别注重培养师生在面对困难和挑战时的应对能力。

在面对困难和挑战时，健雅文化鼓励师生以坚定的信念和毅力去迎接并克服它们。这种鼓励并非空洞的口号，而是通过具体的实践机会来让师生亲身体验和领悟。在这些活动中，师生会遇到各种各样的难题和考验，但正是这些经历，让他们逐渐学会了如何坚持、如何不放弃，进而培养出强大的忍耐力和持久性。这种坚韧不拔的意志，对于学习来说具有不可估量的价值。在学习过程中，难免会遇到难题和瓶颈，但正是凭借着这股不屈不挠的精神，师生能够持续钻研、不断探索，最终突破自我，取得优异的成绩。这种坚韧不拔的意志在人生的各个阶段都将发挥关键作用。无论是未来的职业生涯还是个人生活，都难免会遇到挫折和困难。但正是健雅文化所培养的这份坚定和毅力，让师生能够在逆境中迅速调整心态，勇敢面对，最终走出困境，实现自我价值。

（二）塑造积极向上的心态

健雅文化在致力于提升师生知识技能的同时，也高度重视塑造他们积极向上的心态。因为，一个健康的心态对于应对生活中的各种挑战至关重要，因此，健雅文化通过精心策划各种文化活动和心理健康教育，引导师生以更加乐观、自信的态度去面对生活中的挫折和困难。文化活动方面，健雅文化不仅涵盖了传统的艺术表演、展览等，还特别注重引入具有挑战性和互动性的项目。这些活动旨在让师生在参与过程中体验到成功的喜悦，同时也学会如何面对失败。通过不断的尝试和努力，师生逐渐认识到，失败并非终点，而是通向成功的必经之路，这种认识有助于他们形成更加乐观的心态。在心理健康教育方面，健雅文化则注重传授实用的心理调适技巧和方法。通过讲座、工作坊等形式，师生可以学习到如何有效管理情绪，如何在压力下保持冷静，如何以积极的心态去看待问题和解决困难。这些知识和技能不仅有助于他们在学习过程中取得更好的成绩，更能帮助他们在未来的人生道路上更好地应对各种挑战。这种积极心态的培养，对于师生来说具有深远的意义。在面对压力时，他们能够更加冷静地分析问题，寻找解决方案，而不是被情绪所左右。同时，以更加开放和进取的心态去迎接未来的挑战，也让他们能够在不断变化的社会环境中保持竞争力，实现自我价值的不断提升。

（三）构建心理韧性

心理韧性这一应对逆境和压力的关键能力，在现代社会中显得尤为重要。健雅文化通过一系列精心设计的措施，如心理辅导和情绪管理训练，来协助师生构建坚实的心理防线。心理辅导是健雅文化中不可或缺的一环。专业的心理辅导员通过个体和团体的辅导方式，深入了解师生的心理状态和需求。他们运用专业的心理学知识和技巧，帮助师生认清自我，探索内心深处的恐惧与不安，从而找到应对压力的有效方法。这种心理辅导不仅提供了情感上的支持，更为师生在遭遇困境时指明了方向。与此同时，情绪管理训练也是健雅文化中的一项重要内容。通过这一训练，师生学会了如何识别、表达和管理自己的情绪。他们被教导要在情绪波动时保持冷静，运用深呼吸、冥想等技巧来平复内心，从而避免因情绪失控而作出冲动的决定。这种训练不仅提升了师生的自我控制能力，还让他们在面对挑战时能够保持清晰的思维，做出明智的选择。在健雅文化的熏陶下，师生逐渐培养出了强大的心理韧性。当遭遇挫折时，他们能够迅速调整自己的心态，从失败中汲取教训，重新找回自信和动力。这种心理韧性不仅让他们在面对逆境时能够坚韧不拔，还让他们在未来的道路上更加勇往直前，无惧任何挑战。

（四）促进全面发展

除了致力于专业知识和技能的传授，健雅文化还关注师生的全面发展。这种发展理念超越了单纯的知识积累，而是深入到个体的综合素质提升。为了实现这一目标，健雅文化精心组织了多样化的活动，包括体育竞技、艺术创作以及社会实践等。体育活动不仅锻炼了师生的体魄，更在竞技中培养了他们的团队精神和协作能力。在球场上，每个人都需要学会如何与队友配合，如何在关键时刻挺身而出，这些经历无疑会增强他们的集体荣誉感和团队协作能力。艺术活动则为师生提供了另一个展现自我和发挥创造力的平台。无论是绘画、音乐还是舞蹈，艺术都能激发人们的创新思维和想象力。通过这些活动，师生不仅提升了自己的审美水平，还学会了如何用艺术的方式去表达和沟通。社会实践活动更是让师生有机会走出校园，接触社会，了解民情。在这些活动中，他们亲身体验到社会的复杂性和多样性,从而培养了更为深厚的社会责任感和公民意识。这些丰富的活动不仅让师生的校园生活更加充实和多彩,更重要的是,它们在潜移默化中提升了师生的综合素质。这种全面的发展进一步强化了师生的坚韧意志和积极心态。

四、激发师生的创新精神与探索欲望

(一)培育创新思维

创新是推动社会进步的重要力量,健雅文化始终鼓励师生打破常规,勇于挑战传统观念。为了实现这一目标,学校积极行动,通过开设创新课程和举办创意大赛等活动,为师生营造了一个自由思考、大胆尝试的宝贵环境。在这种环境的熏陶下,师生得以跳出固有的思维框架,以全新的视角去审视问题,寻找独特的解决方案。创新课程不仅传授了创新思维的理论基础,还通过案例分析、角色扮演等互动式教学方式,让师生在实践中亲身体验创新的过程,进一步加深对创新思维的理解和运用。而创意大赛更是为师生提供了一个展示自己创新成果的舞台。在这个舞台上,他们可以将自己的奇思妙想付诸实践,通过设计独特的作品来展现自己的创新才华。这种活动形式不仅锻炼了师生的动手能力,还激发了他们的创造力和想象力,让他们在比赛中收获成长和乐趣。通过这些活动,健雅文化成功地培养了师生的创新思维和解决问题的能力。在面对复杂多变的问题时,他们能够更加灵活地运用所学知识,提出富有创意的解决方案。

(二)激发探索热情

健雅文化积极倡导实践性学习,旨在打破传统课堂的束缚,让知识的种子在实践中生根发芽,绽放出绚丽的智慧之花。真正的学习应当源于生活,归于实践。因此,健雅文化精心策划了丰富多彩的实地考察活动,引领师生走出教室,走进自然与社会的怀抱。他们亲身体验自然的奥秘,观察社会的变迁,每一次亲身体验都成为一次心灵的触动,激发着对未知世界的好奇与热爱。实验室,则是另一个充满魔力的空间。在健雅文化的推动下,学校配备了先进的实验设备,鼓励师生亲自动手操作,观察实验现象,记录实验数据。这一过程不仅锻炼了他们的实践能力，更培养了细致入微的观察力和解决问题的能力。师生在这里共同探索科学的奥秘，享受发现知识的乐趣。此外，健雅文化还注重搭建交流平台，邀请各行各业的佼佼者来校分享他们的经验与故事。这些生动的讲述，让师生了解到更多元化的知识与观点，拓宽了他们的视野，也激发了他们对未来生活的憧憬与向往。

如此，健雅文化以实践性学习为桥梁，跨越了理论与实践的鸿沟，让师生在轻松愉快的氛围中学习、成长。在这里，学习不再是枯燥乏味的灌输，而是充满乐趣的探索；成长不再是单调重复的过程，而是丰富多彩的体验。

第四节 健雅文化对学生个体成长的引导

一、个性化教育理念的实践

（一）核心理念与目标

1. 因材施教原则

因材施教原则是健雅文化个性化教育理念中的一项重要内容。它强调根据学生的兴趣、能力和学习风格来制定个性化的教学计划和教学策略，以此确保每位学生都能在适合自己的学习环境中获得最佳发展。这一原则深入学生内心，充分考虑到每个学生的独特性和差异性。学生的兴趣是学习的原动力，了解并尊重学生的兴趣，能够激发他们的学习热情，使学习变得更加主动和高效。同时，学生的能力水平和学习风格也各不相同，有的学生善于逻辑思维，有的学生则更擅长形象思维，有的学生习惯独立思考，而有的学生则喜欢通过合作学习来解决问题。因此，在制定教学计划和教学策略时，必须充分考虑到这些因素，为每位学生量身打造适合他们的学习方案。这样，不仅能提升学生的学习效果，还能培养他们的自信心和学习兴趣，使他们在学习过程中不断发现自己的潜能，实现自我价值。

2. 全面发展目标

全面发展目标是个性化教育的核心理念之一。它强调教育不应仅仅局限于提高学生的学习成绩，更要关注学生的情感态度、实践能力和社会责任感的培养。这一目标的提出，旨在打破传统教育过于注重知识灌输的局限，转向更加全面、均衡的发展模式。在情感态度方面，个性化教育致力于培养学生积极、健康的心态和情绪管理能力。通过关注学生的心理健康，引导他们形成正确的价值观和世界观，以更加积极、乐观的态度面对生活和学习中的挑战。在实践能力方面，个性化教育鼓励学生参与各种实践活动，如科学实验、社会实践、艺术创作等。这些活动旨在培养学生的动手能力、创新思维和解决问题的能力，使他们在实践中不断积累经验，提升自身素质。此外，个性化教育还非常注重培养学生的社会责任感。通过引导学生关注社会问题，参与志愿服务等公益活动，让他们意识到作为社会成员的责任和义务。这种社会责任感的培养，不仅有助于学生形成正确的道德观念，还能促进他们更好地融入社会，为社会的进步作出贡献。

（二）具体实施措施

1. 多元化课程设置

多元化课程设置是个性化教育实践中的重要一环，它旨在提供丰富多样的课程选择，以满足不同学生的兴趣和发展需求。这种课程设置方式，充分考虑到学生群体的多样性和差异性，力求为每一位学生提供适合其个性和兴趣的学习资源。在这种课程设置下，学生可以根据自己的喜好，自由选择必修课、选修课和拓展课。必修课为学生打下坚实的知识基础，选修课则让学生有机会深入探索自己感兴趣的领域，而拓展课更是为学生提供了广阔的发展空间，帮助他们培养特长和爱好。除了传统的课程设置，学校还积极引入创新课程和实践活动。这些课程和活动以培养学生的创新思维和实践能力为目标，鼓励学生在探索中发现自己的潜能。比如，通过科学实验、艺术创作、社会实践等多种形式，让学生在亲身参与中感受知识的魅力，激发他们的创造力和想象力。这种多元化课程设置不仅丰富了学生的学习体验，还为他们的未来发展提供了更多可能性。学生可以根据自己的兴趣和目标，灵活选择课程，从而在全面发展的道路上迈出坚实的步伐。同时，这种课程设置也有助于学校培养更多具有创新精神和实践能力的人才，为社会的发展注入新的活力。

2. 灵活的教学方式

灵活的教学方式在个性化教育中扮演着举足轻重的角色。为了适应不同学生的学习风格和节奏，教育者会采用多种教学方法，如小组合作、项目式学习及翻转课堂等。这些方法的灵活运用，旨在最大限度地激发学生的学习兴趣和主动性。小组合作是一种有效的学习方式，它鼓励学生在小组内互相交流、讨论和合作，共同解决问题。这种方式不仅能够提高学生的团队协作能力，还有助于他们在交流中互相学习、取长补短。项目式学习则更加注重学生的实践操作能力和问题解决能力。在这种学习方式下，学生会围绕一个具体的项目或主题展开深入研究，通过实际操作来掌握知识和技能。这种方式能够帮助学生将理论知识与实践相结合，提升他们的综合素质。翻转课堂则是一种创新的教学模式，它将传统的课堂讲解与课后作业进行对调。学生在课前通过观看视频、阅读资料等方式自学新知识，而课堂上则主要用于讨论、解答疑问和进行实践活动。这种模式能够更好地利用课堂时间，提高学生的学习效率和自主学习能力。

3. 个性化评估与反馈

个性化评估与反馈是个性化教育体系中不可或缺的组成部分。为了更精确地掌握每位学生的学习状况和进步情况，建立一套科学且个性化的评估体系显得尤为重要。这种评估体系不仅关注学生的学习成绩，还全面考量学生在学习态度、技能掌握、创新思维等多个方面的表现。通过定期的评估，可以深入了解学生在各个学习阶段的具体表现，从而及时发现他们的优势和潜在不足。评估结果并非仅仅用于排名或比较，更重要的是作为学生成长过程的记录，为他们后续的学习提供有力的参考。与此同时，及时的反馈机制也是至关重要的。反馈不仅是为了让学生知道自己的学习成果，更是为了引导他们如何针对现有的问题进行改进。这种反馈是具体、细致且富有建设性的，能够帮助学生清晰地认识到自己的学习状况，明确下一步的学习方向和目标。结合评估与反馈，学生可以更加有针对性地制定自己的学习计划，既强化优势，又补齐短板。这样的教育模式更加人性化，更能满足学生个性化的学习需求，助力他们在学习的道路上不断前行，实现自我超越。

4. 教师专业发展

教师专业发展是提升教育质量的关键环节。为了不断提高教师的教学水平和专业素养，必须加强对教师的全面培训和支持。这种培训不仅涵盖教学技巧和方法的提升，还包括教育心理学、学生管理等多个方面的深入学习，以确保教师能够全面理解学生的个性需求和学习特点。通过系统的培训，教师可以更好地掌握现代教育理念和教学技术，从而提升其教育教学能力。同时，也应该鼓励教师积极探索创新的教学方法。传统的教学方式往往无法满足当代学生多样化的学习需求，因此教师需要不断尝试新的教学手段，如利用信息技术工具辅助教学，设计更具互动性和趣味性的课堂活动等。此外，为了提供更好的教育服务，教师还需要持续关注学生的反馈，及时调整教学策略，确保教学内容与学生的实际需求紧密相连。这样不仅可以激发学生的学习兴趣，还能帮助他们更有效地吸收和掌握知识。

（三）实践成果与影响

1. 学生全面发展

学生全面发展是教育的重要目标之一，它涵盖了学习、艺术、体育等多个领域。在这一理念的指导下，学生不仅可以在学习上取得显著进步，更可以在艺术和体育方面展现出不俗的才华。他们通过参与各种课程和活动，逐渐形成了积极的学习态度和健康的生活习惯。在学习方面，学生通过系统的学习和实践，掌握了扎实的基础知识，并培养了独立思考和解决问题的能力。他们在数学、科学、文学等领域都取得了优异的成绩，为未来的学习和发展奠定了坚实的基础。在艺术领域，许多学生展现出惊人的创造力和审美能力。他们通过参与音乐、舞蹈、绘画等课程和活动，不仅提升了自己的艺术素养，更在各类艺术竞赛中脱颖而出，为学校和个人赢得了荣誉。在体育方面，学生也表现出了极高的热情和天赋。他们积极参与各类体育项目，不仅锻炼了身体，更培养了团队合作精神和竞争意识。在各类体育比赛中，他们奋力拼搏，展现了卓越的体育才华。

2. 教育质量提升

教育质量是衡量一个学校或教育体系成功与否的重要标准。个性化教育理念的实施，对教育质量产生了深远的影响，显著提升了教学效果和学生满意度。这一理念注重因材施教，针对每个学生的特点和需求进行有针对性的教学，从而确保了每位学生都能在最适合自己的学习环境中茁壮成长。随着个性化教育的深入推进，学校逐渐成为培养未来领导者和创新者的摇篮。教师在日常教学中，不仅传授知识，更注重培养学生的批判性思维、创造力和解决问题的能力。这样的教育模式，使学生能够全面发展，更好地适应未来社会的多变需求。学校的教育成果也因此得到了社会各界的广泛认可和赞誉。家长纷纷表示，孩子在学校不仅学到了知识，更学会了如何学习、如何与人合作、如何解决问题。这些技能将伴随他们一生，成为他们未来成功的关键。此外，学校的声誉也随之提升，吸引了更多优秀的学生和教师加入。这种良性循环进一步推动了教育质量的持续提高，使学校成为真正意义上的人才培养基地，源源不断地为社会输送着优秀的领导者和创新者。

3. 教育改革引领

教育改革是教育领域持续发展的重要驱动力，而健雅文化的个性化教育理念在这一进程中发挥了积极的引领作用。该理念强调以学生为中心，充分尊重和发掘每个学生的个性和潜能，这与传统教育模式下"一刀切"的教学方式形成了鲜明对比。健雅文化的成功实践，让许多学校看到了个性化教育的巨大潜力和优势。越来越多的学校开始尝试引入这一理念，以期推动教育教学的创新和发展。他们借鉴健雅文化的经验，关注学生的个体差异，提供多样化的教学资源和策略，以满足不同学生的学习需求。这种改革不仅提高了学生的学习兴趣和积极性，还培养了他们的自主学习能力和创新思维。同时，个性化教育也促进了教师与学生之间的互动和沟通，使教育过程更加人性化、高效化。随着个性化教育理念的广泛传播和实践，它已经成为教育改革的重要方向之一。许多学校和教育机构纷纷效仿，不断探索和完善个性化教育模式，以期为学生提供更加优质、全面的教育服务。

二、领导力与团队协作能力的培养

（一）领导力的培养：塑造未来领导者

1. 领导力启蒙：健雅文化的角色

健雅文化在学生领导力启蒙方面的作用不可小觑。它通过精心策划的讲座和工作坊，深入浅出地向学生阐释领导力的内涵与外延，使学生对领导力有了初步但全面的了解。这些活动不仅传递了领导力的基本概念，更重要的是，它们帮助学生认识到领导力在现代社会中的不可或缺性。为了让学生更直观地感受领导力的魅力，健雅文化积极倡导学生参与各类社团活动和组织。在这些平台上，学生有机会亲身体验领导力的实践运用，从而更深刻地理解领导力的真谛。他们逐渐明白，领导力并非简单的发号施令，而是一种对团队全面负责、以推动共同目标实现为己任的综合能力。这种能力包括但不限于制定策略、分配资源、协调关系以及解决冲突等多个方面。通过健雅文化的一系列举措，学生的领导力意识得到了显著提升。他们开始主动思考和探索如何更好地发挥个人影响力，带领团队走向成功。可以说，健雅文化不仅为学生的领导力启蒙播下了种子，更为他们未来领导力的苗壮成长提供了肥沃的土壤。

2. 核心领导力素质培养

在健雅文化的深刻熏陶下，学生对领导力的理解逐渐从表面的概念深入到其实质。他们不仅明白了领导力意味着什么，更开始系统地探索和培养自身的核心领导力素质。为实现这一目标，健雅文化精心策划并提供了一系列富有针对性的培训课程和活动。其中，领导力训练营成为学生提升领导力的重要平台。在这个训练营中，学生通过参与各种实践活动，学习如何制定合理的团队和个人目标，确保这些目标是具体、可衡量的，并能够在规定的时间内实现。同时，他们也学会了如何有效地调配团队内外的各种资源，以达到最佳的工作效率和效果。此外，模拟决策游戏也为学生提供了一个在安全环境中进行领导力实践的机会。在这些游戏中，学生需要面对各种复杂的决策情境，从而锻炼他们的快速决策和资源分配能力。这些游戏还帮助他们了解到，作为领导者，如何通过发出清晰的指令和使用激励性的语言来带领团队，确保每个团队成员都能够明确自己的任务和目标，并全身心地投入到工作中去。

3. 提供领导力实践舞台

真正的领导力并非纸上谈兵，而是需要在实践中不断锤炼和提升。因此，健雅文化积极为学生打造领导力实践的广阔舞台，让他们在实际工作中锻炼和展现自己的领导才能。在校园内，健雅文化大力鼓励学生积极参与或自主创建各类社团和组织，并勇于担任领导职务。在这样的平台上，学生可以亲身体验领导一个团队所面临的挑战与机遇，从而在实际工作中不断磨砺自己的领导能力。他们学会了如何制定团队目标，如何激发团队成员的积极性和创造力，以及在遇到困难时如何带领团队共同克服。健雅文化还积极与校外企业和机构建立合作关系，为学生提供了丰富的实习和项目管理机会。在这些真实的工作环境中，学生得以将所学的领导知识和技能付诸实践，面对真实的工作挑战，他们的领导力得到了更为全面的检验和提升。通过与专业人士的合作和交流，学生不仅拓宽了视野，也增强了自己的专业素养和领导魅力。

（二）团队协作能力的培养：强化合作精神

1. 团队协作意识的建立

在健雅文化的熏陶下，学生逐渐领悟到团队协作的精髓。这种文化不仅为学生提供了一个展示自我的平台，更让他们深刻体会到集体力量的伟大。正如那句俗语所说，"众人拾柴火焰高"，在健雅文化的引领下，这一观念不再是空洞的口号，而是变成了学生日常学习与生活中的实践指南。通过健雅文化组织的一系列团队活动和讨论会，学生开始用全新的视角审视自己和他人。他们发现，每个人都有其独特的才华和局限性，而团队协作则像是一种神奇的粘合剂，能够将个体间的差异融合,形成一股强大的合力。在这个过程中,每个人的优点都得到了放大,而缺点则在团队的互补中得到了弥补。这种团队协作意识的建立,不仅让学生认识到了团队合作的重要性,更让他们开始珍惜每一次与人协作的机会。他们变得更加主动,愿意寻求与他人的合作,以实现共同的目标。这种转变不仅提升了学生的团队协作能力,也塑造了他们更加开放和包容的心态,为他们未来的人生奠定了坚实的基础。

2. 团队协作技能的提升

在团队协作意识日益增强的驱动下,学生开始积极地探寻各种途径以提升自身的团队协作技能。健雅文化对此给予了高度的关注和实质性的支持,精心设计并提供了一系列富有针对性的培训课程和活动。其中,沟通技巧工作坊备受学生欢迎,它不仅教授学生如何清晰、准确地传达自己的想法,还指导他们学习倾听与理解他人的技巧,这对于团队协作中的有效沟通至关重要。此外,团队建设游戏也成为学生提升团队协作技能的有趣途径。在这些轻松愉快的活动中,学生不仅锻炼了团队合作能力,还学会了如何在团队中扮演不同的角色,以及如何在压力下保持冷静,迅速作出决策。通过这些实践活动,学生逐渐掌握了如何更好地进行团队协作。他们学会了如何根据团队成员的特长合理分配任务,以达到最佳的工作效率;同时,他们也学会了如何妥善处理团队内部可能出现的冲突,确保项目的顺利进行。

3. 团队协作的实战演练

实战演练作为培养学生团队协作能力不可或缺的一环,被健雅文化高度重视。为了让学生能够将所学的团队协作理念与技能真正融入实际操作中,健雅文化精心筹划并组织了多样化的团队项目和挑战赛。这些活动不仅检验了学生的理论知识,更为他们提供了一个真实、紧张的团队协作环境。在这样的实战演练中,学生身临其境,需要将之前所学的沟通技巧、任务分配方法以及冲突解决策略等团队协作技能,切实地应用到每一个具体的项目和挑战中。他们与团队成员紧密合作,共同分析问题,制定解决方案,并协同执行。面对困难和压力,学生学会了保持冷静与理性,这种冷静的态度对于团队的稳定和高效运作至关重要。同时,在实战过程中,学生也逐渐掌握了如何有效地调动团队成员的积极性和创造力,使每个人都能发挥出最大的潜能。他们学会了如何在有限的时间内高效地完成任务,不仅提升了工作效率,还增强了团队之间的默契与信任。

三、心理健康教育与辅导

(一)心理健康教育的重要性

在健雅文化的深远理念中,教育不仅仅是单纯的知识灌输或技能培养,而是一个更为宽广、更为深刻的成长过程。这种成长既包含了传统意义上的知识技能积累,也注重了学生内心世界的建构和心理健康的培育。这一理念的提出,正是基于对学生全面发展、和谐成长的深思熟虑。心理健康教育在这一理念中占据了举足轻重的地位,它被视为促进学生个体和谐发展的关键环节,其重要性不言而喻。通过精心设计的心理健康教育课程和活动,健雅文化致力于帮助学生建立健康的心理状态,提升他们的心理素质。在这样的教育引导下,学生能够更深入地认识自我,理解自己的内心世界。他们学会如何调控情绪,保持心境的平和与稳定,即使在面对困难和挑战时,也能保持冷静和理智。更重要的是,心理健康教育还帮助学生建立了积极的人际关系,使他们能够更好地融入集体,与他人和谐相处,共同进步。此外,心理健康教育还着重培养学生的应对能力和抗压能力。生活中的挑战和压力无处不在,如何正确面对并有效应对,是每个学生都必须学会的重要课题。通过心理健康教育,学生不仅学会了如何正视这些挑战和压力,更掌握了有效的应对策略和方法,使他们在未来的生活中能够更加从容不迫,勇往直前。

(二)健雅文化中的心理辅导实践

1. 个体咨询与团体辅导相结合

健雅文化在心理辅导方面独树一帜,其特色之一便是将个体辅导与团体辅导有机结合。这种综合辅导方式旨在全方位地关注学生心理健康,既解决个人特定问题,又培养学生团队协作与社交能力。对于遇到心理困惑的学生,健雅文化提供了一对一的咨询服务。这种个体化的辅导方式能够深入探索学生的内心世界，帮助他们解决特定的心理问题。无论是学业压力、人际关系困扰，还是自我认知的迷茫，专业的心理咨询师都会耐心倾听，并提供科学有效的指导。这种一对一的互动，不仅有助于学生找到问题的症结，更能为他们量身定制解决方案，从而真正解除内心的困扰。与此同时，健雅文化也非常重视团体辅导活动。通过组织各种形式的团体活动，让学生在轻松愉快的氛围中增进自我认知，学习与人交往的技巧。在团体互动中，学生可以观察到不同个体的行为模式，从而更好地理解自己和他人。此外，团体辅导还能培养学生的同理心，让他们学会换位思考，更加体谅和包容他人。健雅文化的这种综合辅导方式，不仅体现了对学生个体差异的尊重，也强调了团队协作与社交能力的重要性。通过个体与团体相结合的辅导，学生不仅能够解决个人心理问题，还能在团队中得到成长与锻炼。

2. 情绪管理与压力应对

情绪管理和压力应对无疑是心理健康教育中的两大核心。在这个快节奏、高压力的社会环境下，学生常常面临着来自学业、生活、未来规划等多方面的压力，因此，如何有效地管理情绪和应对压力就显得尤为重要。健雅文化通过举办讲座、工作坊等多种形式，积极地向学生传授情绪管理和压力应对的技巧。在讲座中，专家会深入浅出地讲解情绪的产生机制，以及如何识别和处理各种负面情绪，比如焦虑、抑郁、愤怒等。他们不仅教授理论知识，更通过实例分析和角色扮演等方式，让学生在实际操作中学会如何调整自己的情绪状态。同时，健雅文化还专注于提供有效的压力应对策略。在工作坊中，导师会引导学生通过呼吸练习、冥想等放松技巧来缓解紧张情绪，减轻压力感。此外，导师还会教授学生如何制定合理的学习和生活计划，以避免因时间管理不当而产生的压力。更重要的是，健雅文化鼓励学生正视压力，将其视为成长的动力，而非阻碍。

通过这些讲座和工作坊，学生不仅能够学会如何管理自己的情绪，还能掌握一系列实用的压力应对方法。这些技能不仅有助于他们在学业上取得更好的成绩，更能帮助他们在未来的生活和工作中保持良好的心理状态，从而更好地面对各种挑战和困难。

3.积极心理品质的培养

除了致力于帮助学生解决心理问题，健雅文化还将培养学生的积极心理品质作为重要目标。这一教育理念的实践，旨在塑造学生更为健全的人格，并助力他们在人生的道路上走得更远、更稳。培养学生的积极心理品质，意味着要通过正面的激励和引导，去发掘和强化学生内心的积极力量。健雅文化鼓励学生发展乐观、坚韧、自信等心理特质，这些品质不仅有助于学生在学业上取得成功，更能提升他们的整体幸福感和生活质量。乐观是面对困难时的重要心态。健雅文化通过故事分享、情境模拟等方式，让学生学会在逆境中保持积极向上的态度，相信未来总会有转机。这种乐观精神的培养，使学生在面对挑战时能够保持冷静与坚定，从而更好地应对生活中的种种不确定性。坚韧则是在追求目标过程中不可或缺的品质。健雅文化鼓励学生设定明确的目标，并培养他们坚持不懈、勇往直前的精神。通过团队建设、户外拓展等活动，学生学会了如何在困难面前不退缩，如何一步一个脚印地朝着目标前进。自信是个人成长的重要基石。健雅文化注重培养学生的自信心，让他们相信自己的能力和价值。通过演讲训练、才艺展示等平台，学生有机会展示自己的才华和成果，从而增强自我认同感，更加自信地面对未来的挑战。在健雅文化的熏陶下，学生逐渐形成了积极向上的心态和坚韧不拔的意志。

四、学生学习能力的培养

（一）激发学习兴趣与内驱力

学习的乐趣与意义对学生成长极其重要，因此健雅文化始终致力于从学生的兴趣点入手，精心设计富有吸引力的教学活动。这些活动不仅形式新颖、内容生动，而且能够紧密贴合学生的实际需求和喜好，让他们在轻松愉悦的氛围中探索知识的奥秘。通过运用多样化的教学方法，如情境教学、案例教学、项目式学习等，健雅文化打破了传统单一的教学模式，使学习过程变得更加丰富多彩、生动有趣。同时，互动式学习的引入进一步提升了学生的参与度，让他们在积极的互动中感受到学习的快乐，从而更加主动地投入到学习中去。在这个过程中，健雅文化潜移默化地帮助学生发现了学习的内在价值。学生逐渐开始意识到，学习不仅仅是为了应对考试或完成学业要求，更是为了自我成长、开拓视野、提升思维能力。这种认识上的转变激发了学生的学习兴趣和内驱力，他们开始更加珍惜每一次学习的机会，积极主动地寻求知识和技能的提升。

（二）培养自主学习与独立思考能力

在健雅文化的引导下，学生被赋予更多的自主权，鼓励他们进行自主学习和独立思考。这种教育理念的实现，得益于教师角色的转变。教师不再仅仅是知识的单向传授者，而是成为学生学习旅程中的引路人和坚实后盾。为了培养学生的自主学习能力，健雅文化倡导教师运用多种教学策略。其中，设定开放性问题是一种有效方法，它能够激发学生的好奇心和探索欲，促使他们主动去寻找答案，而不是被动地接受知识。此外，通过组织小组讨论，学生能够在同伴间展开思想的碰撞与交流，这不仅锻炼了他们的沟通能力和团队协作精神，还让他们在讨论中学会辩证思考，深化对知识的理解。同时，健雅文化还强调自我反思的重要性。在教师的引导下，学生学会对自己的学习过程进行审视和思考，从而发现自身的不足并寻求改进。这种自我反思的能力，不仅有助于学生在学习上取得更好的成绩，更能够培养他们在面对问题时独立思考和解决问题的能力。

（三）提升学习效率与时间管理能力

在快节奏的现代社会中，学习效率和时间管理能力对学生成长至关重要，因此，健雅文化特别关注学生的这两项能力的培养，旨在帮助他们更好地应对学习挑战，为未来奠定坚实的基础。为了提高学生的学习效率，健雅文化不仅强调知识的获取，更注重学习方法的传授。通过教授一系列有效的学习方法，如归纳总结、联想记忆、图文结合等，健雅文化帮助学生找到适合自己的学习路径，从而更加高效地吸收和掌握知识。这些方法不仅提高了学生的学习速度，还增强了他们对知识的理解和应用能力。同时，健雅文化还着重培养学生的时间管理能力。它鼓励学生制订明确的学习计划，将学习任务分解为可执行的小目标，并合理安排学习时间。通过这样的方式，学生不仅能够更好地掌控学习进度，还能在繁忙的学习生活中保持清晰的头脑和高效的工作状态。这种时间管理技巧不仅对学生当前的学习有帮助，更对他们的未来产生深远影响。

（四）培养创新思维与解决问题的能力

在义务教育阶段，培养学生的创新思维和解决问题的能力显得尤为重要，这关乎学生未来的全面发展和社会的持续进步。健雅文化通过一系列富有创意的课程设计、实践活动以及跨学科的综合性学习项目，来系统地激发学生的创新思维。这些创意课程并非传统意义上的知识灌输，而是鼓励学生跳出固有框架，勇于挑战常规，从不同的视角去审视问题。实践活动则为学生提供了将理论知识应用于实际的机会，让他们在实践中学会发现问题、分析问题并寻求解决方案。而跨学科的学习项目更是打破了学科壁垒，促进学生思维的多元化发展，使他们能够综合运用各种知识来解决问题。通过这样的教育方式，健雅文化不仅帮助学生在学习上取得了优异的成绩，更重要的是培养了他们从不同角度分析和解决问题的能力。这种能力对学生来说是无价之宝，将伴随他们的一生，帮助他们在未来的生活和工作中灵活应对各种挑战。无论是在科技创新、商业决策中，还是解决日常生活中的问题，这种创新思维和解决问题的能力都将成为学生最宝贵的财富。

（五）形成持续学习与自我更新的习惯

健雅文化所倡导的终身学习理念，深深根植于其教育哲学的核心，这一理念强调学习不仅仅局限于学校的围墙之内，而是一个持续不断、贯穿生命始终的过程。健雅文化鼓励学生形成持续学习和自我更新的习惯，使他们能够在日新月异的社会环境中保持竞争力，不断适应新的挑战。为了实现这一目标，健雅文化采取了一系列策略。其中，定期的学习反思是一项重要环节，它鼓励学生回顾自己的学习过程，识别存在的问题，并思考如何改进。这种反思不仅有助于学生及时调整学习策略，还能培养他们的自我监控能力，使其在未来的学习和工作中更加自律和高效。同时，自我评价也是健雅文化中不可或缺的一部分。通过自我评价，学生能够更加客观地认识自己的优点和不足，从而设定更为贴合实际的学习目标。这种目标的设定不是盲目的，而是基于学生自身的实际情况和未来发展需求，因此更具针对性和可实现性。在健雅文化的熏陶下，学生逐渐形成了为实现学习目标而持续努力的毅力。他们明白，学习是一个长期的过程，需要不断的努力和坚持。这种毅力将伴随他们走向未来，无论在学习还是职业生涯中，都能成为他们克服困难、迎接挑战的强大动力。

五、基于健雅理念下的"三有十能"学生评价

"三有"即有责任意识、有学习能力、有创新精神。"十能"即能每日健身、能健康饮食、能自理自立、能勤俭节约、能团结合作、能认真倾听、能得体表达、能每日阅读、能规范写字、能自主学习。基于健雅理念的"三有十能"学生评价体系（见图2-1），从学生全面发展的角度出发，旨在培养学生的健康体魄、高雅情操以及多方面的能力，激发学生的内在动力，促进学生全面发展。

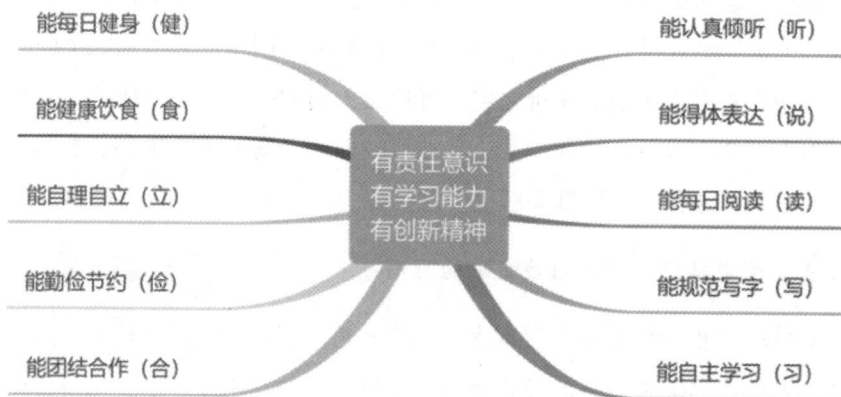

能每日健身（健）　　能认真倾听（听）

能健康饮食（食）　　能得体表达（说）

有责任意识
有学习能力
有创新精神

能自理自立（立）　　能每日阅读（读）

能勤俭节约（俭）　　能规范写字（写）

能团结合作（合）　　能自主学习（习）

图2-1　"三有十能"评价建设体系

（一）"三有"评价的落实

1. 评价责任意识，增强责任感

责任感强的人通常有良好的自我管理能力，能够合理安排时间，有效完成任务并对自己的行为负责，对于个人学习效率和生活质量的提升均有积极影响。为评价学生的责任意识，需实行"责任积分卡"制度，为每个成员发放积分卡，记录其在活动过程中的具体表现，评价责任意识，根据积分情况，评选"最具责任

感个人/团队"，以此提升学生的责任意识，增强学生的责任感。

2.评价学习能力，提升学习效率

评价学生的学习能力有助于学生认识到自己的学习优点与不足之处，激发学生自主学习动力，提升学习效率，这也要求学生合理规划学习时间、选择适合自己的学习方法，自主学习、合作学习，提升综合学习效率。评价过程中，为学生创建"学习成长档案"，档案内容包括个人基本信息、学习进度记录、成绩变化曲线、学习方法创新记录等。学习进度记录详细记录学生完成的学习任务、掌握的知识点及相应的学习时间；成绩变化曲线收集课堂测验和考试记录，通过折线图直观展示学生的成绩走势；学习方法创新记录可以展示学生是否尝试新的学习方法及其效果。

3.评价创新精神，促进个性发展

设立"创新实验室"，培养学生的创新精神和实践能力。这一开放平台鼓励学生自由探索解题方法，合理猜想并进行实验验证，让学生尝试新颖的解题思路，或者设计独特的科学实验，提升自身的创新能力。学校每季度举办"创新成果展示会"，评选出最具创新性和实用性的项目，并给予奖励支持，进一步推动学生个性发展。

（二）"十能"评价的落实

1.评价健康负责，强化身体管理意识

小学阶段，学生正处于生长发育的关键时期，培养健康的生活习惯，强化身体管理意识对于学生未来的发展至关重要。实施"健康打卡"制度，以有趣且富有激励性的方式，引导他们关注自己的身体健康，强化其管理意识。"健康打卡"制度要求学生每日记录自己的体重、运动量和睡眠时间，让学生对自己的身体状况有更直观的了解，引导学生形成规律的生活习惯。体重的记录可以让孩子意识到饮食与体重的关系，注意均衡饮食；运动量的记录则能激励学生保持适量的运动，增强体质；睡眠时间的记录有助于孩子认识到充足的睡眠对于自身身体健康和学习的重要影响。

2. 评价饮食自律，培养健康饮食习惯

现代快节奏的生活中，健康饮食习惯对于维持学生身体和心理健康至关重要。然而，很多学生在日常生活中难以坚持健康饮食，为此，要以健康饮食为导向，评价学生的健康意识。基于此，学校可以推出"健康饮食挑战"，鼓励学生拍照记录每日饮食并分享，让大家更直观了解自己的饮食习惯，形成健康饮食的良好氛围，连续一周饮食均衡者可获得营养徽章，激励更多学生加入健康饮食的行列。评价着重对学生饮食的记录与分享，通过检查学生的饮食记录来评估其饮食的均衡性，助力学生健康饮食习惯的培养。

3. 评价自我照料，提升独立生活能力

开展"独立生活技能竞赛"，比如最快速度整理好个人物品、独立完成一顿营养均衡的饭菜等，优胜者可获得"生活小能手"称号。现代社会，培养孩子的独立生活能力尤为重要，能够增加学生的生活经验，激发孩子学习独立生活技能的热情。通过实际操作，让孩子掌握基本的生活技能，提高他们的自我照料能力。

4. 评价倾听耐心，树立尊重他人意识

在人际交往中，倾听是一项至关重要的技能，不仅是沟通的基础，还是尊重他人的体现。为培养学生的倾听能力，设立"倾听之星"奖项，鼓励学生通过角色扮演或模拟对话场景，掌握倾听方法。评价学生倾听后的回应是否得体、恰当，是否能够给予对方积极的反馈或建设性的意见等，根据上述评价方式所得分数，评选出在交流中表现最佳倾听态度的学生，激励学生持续保持良好的倾听习惯。

5. 评价表达明晰，增强有效沟通责任感

培养学生的表达能力是至关重要的，清晰、准确的表达不仅能够提升学生的沟通能力，还能帮助学生被他人理解，增强有效沟通。为评价学生的表达能力，提升学生的沟通责任感。以语文学科为例设计评价，注重对学生的口头表达进行评价，评价表达清晰度、条理性和逻辑性，用词是否准确、语言流畅性；评价学生对故事情节的复述能力，如是否完整、准确和有条理。对学生的表达进行及时反馈，指出他们的优点和不足以及改进方式。设立"表达之星"等奖项，定期评

选并表彰在表达方面表现优秀的学生，激励他们继续努力。

6. 评价阅读方法，培养高效学习能力

培养学生的学习能力是至关重要的，而掌握阅读方法是关键环节。通过有效的阅读方法，学生能够深入理解文本，提高学习效率。定期评选在阅读方法运用和学习效率方面表现优秀的学生，为这些学生颁发奖励或证书，以资鼓励，设立阅读挑战活动，如"每月一书"或"阅读马拉松"，通过完成挑战，激励学生持续阅读，逐步提升学生的阅读能力。通过上述评价方案，有效评价学生的阅读方法，为学生提供有针对性的指导方案，帮助学生改进阅读策略，培养学生的高效学习能力。同时，结合课堂参与、课后作业和激励措施，全面提升学生的阅读兴趣和阅读能力。

7. 评价书写规范，提高文字表达能力

小学阶段，进行书写训练是提高学生文字表达能力的基础，规范的书写不仅能使卷面整洁美观，还能提升学生的作业质量，便于学生在考试中取得良好成绩。实际教学中，组织"书法与写作"工作坊，教授学生书写技巧，每月评选出"最美笔记"和"最佳作文"，展示并给予奖励。

8. 评价自主学习，塑造自我提升责任感

自主学习是学生主动探索、独立思考的重要表现，也是提升学生责任感和终身学习能力的关键。为鼓励学生自主学习，提升学生的责任感，为学生建立"自主学习挑战榜"，记录每个学生每月自主学习的时长和内容，根据学生的进步程度评选"自主学习之星"。以小学英语和数学为例，设计学生评价方案：英语和数学学科着重评价学生每月在学科上的自主学习时长，学习内容的学习成效，包括阅读教材、完成练习题、观看教学视频、参加线上课程等。学生需详细记录自主学习的内容，如学习的章节、主题及具体知识点，鼓励学生多样化学习，不仅限于课本内容，还包括拓展阅读、解决实际问题等。

9. 评价团队协作，强化集体责任意识

团队协作是提升工作效率和完成任务的关键，当团队成员之间能够有效合

作，相互交流，协调行动时，团队的整体效能会显著提升。通过评价团队协作，也可以激励学生合作，共同解决问题，提高整个团队的工作效率。劳动与技能教学中，团队协作是非常重要的一项能力。为了强化学生的集体责任意识，设立"团队协作奖"，根据团队成员在项目中的贡献、互助和支持程度进行评价，激励学生参与到团队活动中，提升团队协作能力。

10. 评价节俭行为，树立节约资源意识

地球上的资源是有限的，尤其是一些不可再生资源，如水、矿产和能源。节俭和节约资源的意识有助于学生更有效地利用这些资源，减少对自然环境的破坏，保护地球的生态平衡。为了在小学科学教育中融入节约资源的意识，引导学生养成节俭的好习惯，可以开展"资源节约挑战赛"，学生能直观地了解自己或团队日常生活中的资源消耗情况，学习如何更有效地利用资源。

第五节　健雅文化对学校与社区关系的促进

一、搭建学校与社区的交流平台

（一）文化交流活动的组织与推广

1. 定期举办文化讲座和展览

健雅文化深刻理解文化讲座和展览在推动学校与社区互动中的核心价值。文化，作为一种强大的社会黏合剂，具有凝聚人心、促进交流的重要作用。而文化讲座和展览，正是这一价值的具体体现。定期举办的文化讲座，如同一扇扇打开的窗户，让听众有机会窥见更广阔的知识海洋。校内外的专家、学者以及各行业的领军人物，他们带着自己的研究成果、独特见解和丰富经验，就热门话题、文化传承等主题展开深入探讨。这些高质量的讲座内容，不仅激发了学生和社区居民的求知欲，更为他们提供了一个难得的学习机会，能够直接与这些知识分子进

行面对面的交流与对话。除了文化讲座，艺术展览也是健雅文化重点打造的项目之一。这些展览精心策划，既展示了学生的创意无限的作品，又引进了社区内杰出艺术家的代表作品。每一幅画、每一个雕塑都蕴含着作者的心血和情感，它们以无声的方式诉说着艺术的魅力和力量。学生和社区居民在观赏这些展览时，不仅能够被艺术的魅力所打动，更能在这一过程中增进对彼此的了解和尊重。文化讲座和艺术展览的举办，不仅仅是一次次单独的活动，它们更像是一座座桥梁，连接着学校与社区，让两者之间的关系更加紧密。

2. 互动体验活动的策划与实施

为了进一步增强学校与社区之间的紧密联系和深入互动，健雅文化投入了大量的心思和努力，精心策划并组织了一系列别出心裁的互动体验活动。这些活动并非简单地堆砌娱乐元素，而是深思熟虑地融合了教育与娱乐的双重目的，真正实现了寓教于乐的理念。在这些精心设计的活动中，参与者不仅能够感受到轻松愉快的氛围，更能在这种氛围中自然而然地接触到各种文化知识，领略到文化的深厚魅力。无论是通过手工制作体验传统工艺的精妙，还是在艺术表演中感受音乐和舞蹈的韵律美，每一个环节都让参与者沉浸其中，享受文化的熏陶。更为重要的是，这些互动体验活动为学校师生和社区居民提供了一个难得的社交平台。在这里，他们有机会走出自己的小圈子，与不同背景、不同年龄层的人们进行交流和互动。在共同参与活动的过程中，彼此之间的了解和友谊逐渐加深，原本陌生的面孔变得熟悉和亲切起来。这种寓教于乐、增进了解和友谊的活动形式，不仅让学校与社区之间的互动更加频繁和深入，也为双方建立了一种持久而稳固的联系。通过这些活动，学校和社区之间的界限逐渐模糊，取而代之的是一种更加融洽、更加和谐的新型关系。

（二）信息共享与沟通机制的建立

1. 构建信息发布平台

在信息高度发达的当今社会，一个高效且全面的信息发布平台对于加强学校与社区之间的联系显得尤为关键。健雅文化致力于构建一个能够融合校园与社区各类动态的信息发布平台。这一平台充分利用了现代化的信息传播手段，如校园网站、社区内的公告板，以及广泛使用的社交媒体等。通过这些多元化的渠道，学校与社区的最新动态、即将举行的活动预告、重要的通知公告等信息能够迅速且准确地传达给广大的师生和社区居民。这种方式不仅确保了信息的时效性，使得每一个人都能在第一时间获取到所需的信息，而且极大地拓宽了信息的受众范围，提升了信息的影响力。此外，这一信息发布平台还承载了更多的功能。它不仅仅是一个单向的信息传递工具，更是一个双向的沟通桥梁。例如，学校的课程设置、研究成果可以通过这个平台进行展示，让社区居民更加了解学校的教育教学情况和学习氛围。同样，社区的各种服务项目、丰富多彩的文化活动也可以通过这个平台得到有效的宣传，吸引更多的学校师生参与其中。这个信息发布平台还特别设置了一个反馈专区。这个专区为社区居民和学生提供了一个表达意见和建议的窗口，使得他们可以直接对学校和社区的工作提出自己的看法和建议。

2. 促进双向沟通

双向沟通在促进学校与社区关系中处于核心地位。为了推动这一目标的实现，定期的座谈会、研讨会等活动能很好地为学校师生和社区居民构筑一个直接对话的空间。在这样的交流场合中，每个人都被鼓励自由发言，就各自关心或疑惑的问题展开深入的探讨。这些议题广泛而多样，可能涉及教育教学的改革、社区环境的优化、文化活动的丰富性，以及公共服务的提升等。每一个话题都承载着大众的关切与期望，也正是在这样的平台上，这些问题得以被全面地剖析和讨论。这种沟通模式所营造出的氛围是开放和包容的，它允许不同的声音存在，鼓励多元的观点碰撞。在这样的交流中，学校师生与社区居民之间的了解和信任逐渐加深，原本可能存在的误解和隔阂也逐渐消融。更为宝贵的是，这些讨论往往能带来新的思考角度和解决问题的策略，为学校和社区的发展提供有力的智慧支持。而除了这些定期的大型交流活动，日常的双向沟通同样被高度重视。不论是学校的教职员工、在读学生，还是社区的普通居民、工作人员，都能够通过各种既定的沟通渠道，进行及时的信息反馈和意见交流。这种沟通不受时间和空间的限制，更加灵活和便捷，它确保了学校与社区之间始终保持紧密的联系，实现了真正意义上的良好互动。

（三）合作项目的开发与推进

1. 教育合作项目的探索

在健雅文化的沃土上，教育合作项目的探索犹如一股清泉，滋养着学生全面发展的根系，引领着他们迈向更加宽广的知识殿堂。健雅文化，作为一种追求卓越、崇尚实践与创新的文化理念，深刻地融入并推动了教育领域合作模式的革新与深化。在这片文化的滋养下，合作项目不再是简单的资源叠加，而是成为学生综合素质与实践能力腾飞的翅膀。合作方与学校携手，共同雕琢出一座座现代化的实验室，它们不仅是技术与设备的璀璨明珠，更是智慧与灵感碰撞的殿堂。学生于此，得以将书本上的理论知识转化为手中的实践艺术，每一次实验的探索，都是对未知世界的勇敢叩问，每一次试错的历程，都是独立思考与解决问题能力的磨砺与升华。

特色课程的开发，则是健雅文化在教育领域绽放的另一奇葩。它们如同精心培育的奇花异草，既根植于传统学科的深厚土壤，又汲取着社会需求的阳光雨露，绽放出创新思维与实践能力的绚烂光彩。学生在这些课程中遨游，不仅收获了知识的果实，更拓宽了视野，激发了探索未知的热情与勇气。而专家学者的讲座与工作坊，则是健雅文化为学生搭建的又一座桥梁，连接着校园与社会的广阔天地。他们如同智慧的灯塔，引领着学生在知识的海洋中航行，让学生在聆听中启迪思维，在互动中碰撞思想。这些宝贵的交流机会，不仅为学生提供了前沿的知识与信息，更在他们心中种下了追求卓越、勇于探索的种子，为他们的未来之路铺设了坚实的基石。

健雅文化以其独特的魅力与力量，深刻地影响着教育合作项目的探索与实践。它让教育不再仅仅是知识的传授，而是成为一种文化的传承与创新的过程，让每一位学生都能在这片文化的沃土上茁壮成长，绽放出属于自己的光彩。

2. 社区服务项目的实施

社区服务，作为健雅文化深入社区肌理、与居民生活紧密相连的关键项目，承载着双重使命：既是提升居民生活品质的优雅实践，也是促进社区和谐共融的雅致桥梁。在健雅文化的引领下，社区服务不仅聚焦于居民物质生活的改善，更致力于心灵与精神的滋养，力求达到身心和谐的理想境界。

为了精准对接居民多样化的需求，我们秉持"以人为本，细致入微"的健雅精神，投入时间与心力。通过问卷调查的细腻笔触、座谈会的深度对话，如同绘制一幅幅居民生活的多彩画卷，全面而深入地洞察每一位社区成员在教育启迪、文化熏陶、健康守护等方面的期盼与向往。

基于此，我们精心策划了一系列服务项目，宛如健雅文化之花在社区绽放。其中，免费教育课程的开设，犹如清泉润心，不仅滋养了居民对知识的渴望，更将健康生活的智慧种子播撒心田。课程内容既涵盖了基础知识的稳固根基，又融入了健康生活的科学指导，旨在全方位、多层次地促进居民个人素质与社会适应能力的同步提升，让每一位居民都能在学习的旅程中遇见更好的自己。

同时，文化活动作为社区服务中不可或缺的雅致篇章，以其独特的魅力吸引着居民的广泛参与。文艺演出的璀璨灯光、书画展览的墨香四溢、读书会的静谧时光……这些丰富多彩的活动不仅为居民搭建了一个个展示自我、交流思想的舞台，更在无形中提升了整个社区的文化品位与居民的艺术修养，让社区成为一个充满生机与活力的文化高地。

尤为重要的是，在实施服务项目的过程中，我们始终将居民的声音视为最宝贵的反馈，通过持续的沟通互动与意见征询，不断优化服务内容，确保每一项举措都能精准对接居民的实际需求，真正做到"以居民为中心"，让健雅文化的温暖与关怀渗透到社区的每一个角落，共同编织一幅幅和谐美好的社区生活图景。

二、推动校园资源向社区开放

（一）促进校园资源向社区开放的意义

推动校园资源向社区开放，这一举措在健雅文化的引领下，正逐渐成为促进学校与社区关系的重要手段。开放校园资源，意味着将学校的设施、场地、教学资源等与社区居民共享，这不仅能够大幅提升资源的利用效率，减少资源的闲置和浪费，还能为学校与社区之间搭建起一座沟通的桥梁。通过资源的共享，学校与社区之间的互动和交流得到了显著增强。社区居民有机会亲身参与到学校的教育活动中，感受学习氛围，提升文化素养；而学校也能更深入地了解社区的需求和期望，从而更有针对性地进行教育教学改革。这种互动不仅增进了彼此的了解和信任，还为双方的合作与发展奠定了坚实的基础。开放共享的理念有助于打破学校与社区之间的传统壁垒。在过去，学校往往被视为一个相对封闭的环境，与社区的联系并不紧密。然而，通过资源的开放共享，学校与社区之间的界限逐渐模糊，双方开始更加紧密地融合在一起。这种融合不仅有利于实现资源的优化配置，还能促进双方的互利共赢，共同推动区域的文化、教育和社会发展。

（二）具体实施措施与方法

1. 建立开放机制

建立开放机制是推动校园资源向社区开放的关键一步。为了确保这一过程的有序进行，学校需要制定明确的校园资源开放制度。这一制度应详细规定资源开放的具体时间，如工作日、周末或假期的特定时段，以满足不同社区居民的需求，同时避免与学校正常教学活动产生冲突。此外，制度中还应明确开放的方式，例如是否需要预约、是否有使用费用等，以及可使用的资源范围，包括图书馆、体育设施、科学实验室等。这些详细规定能够确保社区居民在利用校园资源时有明确的指导和规范。安全性是开放机制中不可忽视的一环。学校需制定严格的安全措施，包括安全检查流程、紧急事件应对预案等，以保障社区居民在使用校园资源时的人身安全。同时，对社区居民进行适当的教育和培训，增强他们的安全意识和自我保护能力，也是确保资源开放安全有序的重要措施。

2. 加强宣传推广

加强宣传推广是推动校园资源向社区开放的重要环节。为了提高社区居民对校园资源开放的知晓率和参与度，必须通过多种渠道积极宣传相关信息。社区公告是一种有效的宣传方式，可以定期张贴关于校园资源开放的具体时间、地点、可用资源等详细信息，让居民在日常生活中就能轻松获取这些信息。同时，利用校园网站进行在线宣传也是一个不错的选择。校园网站上可以发布详细的开放说明、资源介绍、使用指南等内容，方便居民随时随地查看。此外，还可以通过社交媒体等网络平台进行推广，进一步扩大宣传覆盖面。除了以上渠道，还可以考虑与社区组织合作，举办相关的宣传活动或讲座，面对面地向居民介绍校园资源的开放情况和使用方法。这种互动式的宣传方式能够增强居民的参与感和归属感，提高他们的积极性。

3. 完善设施管理

完善设施管理是确保校园资源向社区开放后能够持续、安全地为社区居民服务的关键。学校应对所有开放的资源进行细致的管理，这包括对设施进行定期的检查和维护，确保其处于良好的工作状态。无论是图书馆的书籍、体育设施的运动器材，还是科学实验室的仪器设备，都需要得到妥善的保养和及时的维修。设施的安全性是重中之重。学校应设立专门的安全管理制度，对设施进行日常的安全检查，及时排除潜在的安全隐患。对于可能发生的紧急情况，学校还需制定应急处理预案，确保在突发事件发生时能够迅速响应，保障使用设施的人员安全。除了设施的物理管理，学校还应提供必要的使用指导。这包括为社区居民提供设施使用手册、操作指南，或者在设施旁设置明显的使用说明标识。对于复杂或专业的设施，学校可以安排专人进行现场指导，确保社区居民能够正确、安全地使用这些资源。此外，学校还应提供必要的服务支持。比如，设立咨询窗口或热线电话，解答社区居民在使用设施过程中遇到的问题；提供必要的辅助设备或工具，以增强设施的使用体验；在设施出现故障时，提供及时的维修服务等。

4. 开展互动活动

开展互动活动是校园资源向社区开放后的重要环节，它不仅能够丰富社区居民的文化生活，还能有效增进学校与社区之间的了解和友谊。结合校园资源的独特特点，可以定期组织各类文化、体育等活动，吸引社区居民积极参与。文化活动方面，可以利用学校的图书馆、艺术馆等资源，举办读书会、艺术展览、文化讲座等，为社区居民提供高品质的文化体验。这些活动不仅能够提升居民的文化素养，还能让他们在参与过程中感受到学校的文化氛围和学术气息。体育活动方面，可以依托学校的体育设施，组织篮球赛、足球赛、羽毛球赛等体育竞技活动，或者开设健身课程、体操班等体育健身活动。这些活动不仅能够增强社区居民的身体素质，还能促进他们之间的交流与合作，拉近学校与社区之间的距离。通过这些互动活动的开展，学校与社区之间的联系将更加紧密，彼此之间的了解和友谊也将得到进一步增进。这种互动与交流不仅能够为学校带来更多的社区支持和资源，还能为社区居民提供更加丰富多彩的文化体育活动，实现学校与社区的共赢发展。

三、促进学校与社区在教育领域的合作

（一）教育理念共享，推动教育资源整合

在健雅文化的深邃脉络中，教育理念犹如一股不息的清泉，流淌于学校与社区合作的广袤天地间，成为两者携手共进的坚实基石。健雅文化，作为一种崇尚智慧、追求和谐的文化形态，它不仅强调个体内在修养的提升，更倡导教育生态的共建共享，为教育理念在学校与社区间的深度融合提供了肥沃的土壤。在这一文化语境下，教育理念的共享成为打破隔阂、凝聚共识的桥梁。学校与社区，如同两股并行的溪流，在共同的教育愿景下汇聚成河，以先进的教育理念为指引，共同探索教育的真谛与未来。这种理念的交融，不仅促进了双方在教育方法上的相互借鉴与融合，更激发了无数教育创新的火花，照亮了学生全面发展的道路。

在健雅文化的熏陶下，教育不再是单向的知识传递，而是成为一种双向互动、共同成长的过程。学校与社区携手，共同探索更加科学、有效的教育方法，致力于打破传统教学的束缚，释放学生的主体性和创造性。项目式学习、情境教学等多元化教学手段的引入，如同春风化雨，滋润着学生的心田，激发了他们探索未知的热情与勇气。同时，教育资源的整合也在健雅文化的推动下达到了新的高度。学校与社区之间的界限被打破，师资力量、教学设施、课程资源等教育资源得以

在更广阔的平台上优化配置与高效利用。这种资源的共享与互补,不仅提升了教育的质量和效果,更促进了学校与社区之间的深度融合与协同发展。

在健雅文化的引领下,学校与社区共同打造了一个充满活力、丰富多彩的学习环境。在这里,学生不仅能够获得知识的滋养,更能在实践中磨砺意志、锤炼能力、启迪智慧。他们如同苗壮成长的树苗,在阳光雨露的滋养下,向着更加美好的未来奋力生长。

(二)校社联合育人,促进学生全面发展

学校与社区在育人方面的责任是相辅相成的。传统上,学校被视为知识传授和技能培养的主要场所,而社区则提供了实践和生活经验的丰富土壤。然而,在现代教育体系中,学校与社区的结合已经成为一种趋势,双方通过校社联合育人模式,共同肩负起培养下一代的重任。在这一模式下,学校与社区可以共同制定教育计划,确保教育内容的连贯性和完整性。这种计划不仅涵盖了学校内的课堂教学,还包括了社区中的实践活动。通过结合双方的优势资源,可以为学生提供更加全面、深入的学习体验。此外,校社联合育人模式还为学生提供了丰富多彩的教育活动。这些活动不仅限于学习领域,还涉及艺术、体育、社会实践等多个方面。学生在参与这些活动的过程中,能够培养自己的兴趣爱好,拓宽视野,增强团队协作能力。这种合作模式有助于培养学生的社会责任感。通过参与社区服务、环保活动等公益事业,学生能够深刻体会到自己作为社会成员的责任和义务。同时,实践活动还能锻炼学生的实践能力,让他们在实践中学习如何解决问题,如何与他人有效沟通。创新精神的培养也是这一模式的重要目标。学校和社区可以共同搭建创新平台,鼓励学生进行科研探索、创意制作等活动。这些经历不仅能激发学生的创新思维,还能培养他们的创业意识和能力。

(三)搭建互动平台,增进家校社沟通与交流

在健雅文化的深厚底蕴中,搭建学校、家庭、社区之间的互动平台,犹如构筑起一座联通心灵与智慧的桥梁,对于深化学校与社区在教育领域的合作具有

不可估量的价值。此平台不仅是信息交流的场域，更是智慧碰撞、情感交融的殿堂，汇聚了各方力量，共同为孩子的茁壮成长铺设坚实的基石。家长会，作为这一互动平台上的璀璨明珠，定期绽放其独特的光芒。在这里，教师与家长以诚相见，共话孩子的成长点滴，不仅让教育的温暖与关怀得以传递，更让家校之间的理解与信任悄然生根。通过面对面的深度交流，教师得以洞悉学生的家庭背景与教育环境，从而因材施教，精准施策；而家长亦能洞悉学校的教育理念与教学方法，与孩子共同成长，携手前行。

社区教育论坛，则是另一片智慧与灵感的海洋。在这里，教育专家、学校教师、家长代表等各界精英汇聚一堂，共议教育大计，同绘未来蓝图。他们或慷慨陈词，阐述教育真谛；或娓娓道来，分享育人经验。每一场论坛，都是一次思想的盛宴，一次心灵的洗礼，让社区居民的教育意识得以觉醒，为学校教育改革与创新注入了不竭的动力。而今，随着现代信息技术的发展，家校社之间的互动更是跨越了时空的界限，呈现出前所未有的活力与多样性。即时通讯工具、网络平台等现代科技手段，如同无形的纽带，将家校社紧密相连，使得沟通无界限，反馈更及时。无论是学习上的困惑，还是生活上的烦恼，亦或是对教育的独到见解与建议，都能通过这些渠道迅速传达至各方，共同寻求解决之道，携手推动教育的进步与发展。

在健雅文化的滋养下，学校、家庭、社区之间的互动平台愈发显得生机勃勃、意义深远。它不仅是教育合作的载体，更是文化传承的纽带，让每一个孩子都能在这片充满爱与智慧的土壤中茁壮成长，绽放出属于自己的光彩。

（四）共创教育环境，营造良好学习氛围

在健雅文化的实施中，学校与社区的紧密合作，犹如双翼齐飞，共同织就了一幅教育生态的宏伟蓝图。此等合作，非但关乎日常教学管理的和谐共生，更深层次地塑造一个安全、舒适且知识充盈的学习殿堂，让学生在其中茁壮成长。首先，共同整治校园周边环境，是健雅文化"和而不同，美美与共"理念的生动实践。学校与社区携手，致力于打造一个宁静致远的求知乐园。通过强化治安防控，驱散不安的阴霾，守护学生的安全之路；优化交通布局，减少喧嚣侵扰，让学习

的思绪得以自由翱翔；严控食品卫生，守护健康之源，确保学生身心皆健，无后顾之忧。这些举措，不仅是对物质环境的精心雕琢，更是对健雅文化中"以人为本"精神的深刻诠释。

其次，优化社区教育资源，是提升教育质量、拓宽学生视野的必由之路。在健雅文化的引领下，我们视社区为知识的宝库，其中图书馆之浩瀚、博物馆之深邃、科技馆之奇妙，皆为学生探索未知、启迪智慧的宝贵财富。学校与社区合作，打破壁垒，让这些资源成为实践教学的沃土，课外活动的舞台，让学生在实践中学习，在学习中创新，从而培养出既有深厚理论功底，又具备卓越实践能力的复合型人才。

最后，关注学生精神文化生活的建设，是健雅文化"以文化人，以文育人"使命的集中体现。学校与社区联合举办的文化教育活动，如同春风化雨，润物无声地滋养着学生的心田。读书会中，书香四溢，启迪智慧；艺术展上，色彩斑斓，陶冶情操；科技竞赛里，创意无限，激发潜能。这些活动，不仅丰富了学生的课余生活，更在潜移默化中提升了他们的文化素养、审美情趣和创新能力，为他们的全面发展奠定了坚实的基础。

综上所述，学校与社区的紧密合作，在健雅文化的引领下，正逐步构建起一个全方位、多层次、立体化的教育生态系统。在这个系统中，物质环境与精神文化相得益彰，学校教育与社区资源深度融合，共同为学生的成长撑起一片蓝天，让健雅之光普照每一个角落。

四、引导师生参与社区服务

（一）建立服务机制，激发师生参与热情

构建一套完善且高效的师生社区服务机制，实乃引领教育与社会和谐共生的关键举措。此机制之构建，需秉持精细规划、严谨执行之原则，以确保每一步都踏在坚实的教育与奉献之路上。首要之务，在于明确服务目标，犹如灯塔之于航船，为师生指明方向，使其深刻理解社区服务之核心价值与深远意义，从而在心

灵深处根植起强烈的使命感与责任感。这一目标，不仅是对社区福祉的承诺，更是对健雅文化"以行践知，以知促行"理念的生动诠释。继而制订详尽周密的服务计划，犹如绘制蓝图，细致入微地规划服务之路径。此计划需兼顾内容之丰富性、时间之合理性、地点之适宜性，更需深入洞察服务对象之需求，预见潜在挑战，并预设应对之策。如此，方能确保服务活动之有序开展，达成预期之成效。

同时，培训之重要，不言而喻。在健雅文化的熏陶下，我们深知专业知识与技能乃服务之基。因此，对师生进行系统而全面的培训，不仅是对其个人能力的提升，更是对社区服务质量的保障。通过培训，师生得以掌握服务所需之技巧，增强应对复杂情况之能力，从而在服务中展现出更加专业、自信的风采。资源支持，亦是不可或缺之要素。充足之工具、设备与资金，如同肥沃之土壤，滋养着服务活动苗壮成长。在健雅文化的引领下，我们致力于优化资源配置，确保每一份投入都能转化为实实在在的服务成果，让师生在服务过程中无后顾之忧，全心全意地投入到社区服务之中。

激励机制之建立，犹如春风化雨，滋润着师生参与社区服务的热情与创造力。通过设立奖励制度，如优秀志愿者评选、服务时长兑换等，我们充分肯定师生的辛勤付出与卓越贡献，激发其内在动力与潜能。这种激励，不仅是对师生个人价值的认可与尊重，更是对健雅文化"以人为本，追求卓越"精神的传承与弘扬。

在健雅文化的引领下，构建完善高效的师生社区服务机制，不仅是对教育本质的深刻践行，更是对社会责任的积极担当。让我们携手并进，在这条充满挑战与机遇的道路上，共同书写属于健雅人的辉煌篇章。

（二）丰富服务形式，满足社区多元需求

与健雅文化相结合的社区服务的形式犹如万花筒般绚烂多彩，旨在精准对接并丰盈社区的多元需求，绘就一幅幅和谐共生的美好图景。学校，作为社区文化生态中不可或缺的一环，承载着引领风尚、服务社会的重任，其师生群体更是这股文化浪潮中的中流砥柱，以实际行动诠释着"学以致用，兼济天下"的健雅情怀。环保宣传活动，恰似一股清新的春风，吹拂过社区的每一个角落，将绿色生活的

理念深深根植于居民心田。师生化身环保使者，以知识为舟，以热情为帆，穿梭于邻里之间，传递着爱护环境、珍惜资源的深切呼唤。这不仅是一场知识的普及，更是一次心灵的触动，激发了社区居民对美好生活的共同向往和追求，共同绘就了一幅绿色发展的宏伟蓝图。助老助残活动，则是健雅文化中"仁爱之心，温暖如春"精神的生动展现。学校师生以真挚的情感和无私的奉献，为社区内的老年人和残疾人送去了春天的温暖。他们的身影穿梭在需要关怀的角落，无论是温馨的陪伴聊天，还是细致入微的家务帮助，亦或是贴心的购物服务，都如同温暖的阳光，照亮了受助者的心房，让社区充满了爱与希望。关爱留守儿童，更是学校服务社区、践行社会责任的深情之举。留守儿童，如同夜空中孤独的星辰，渴望着家的温暖和爱的光芒。学校师生以母爱般的关怀，定期探访这些孩子，用知识的灯塔照亮他们前行的道路，用生活的点滴温暖他们幼小的心灵。在这里，学习不再是枯燥的任务，而是成长的阶梯；陪伴不再是短暂的停留，而是长久的守候。

此外，学校还充分发挥师生的专业和特长优势，开展了一系列更具针对性的服务活动。教育辅导活动，为社区孩子们插上了梦想的翅膀，让他们在知识的海洋中自由翱翔；法律咨询活动，则为社区居民筑起了一道坚实的法律防线，让公平正义的阳光普照每一个角落。这些活动，不仅丰富了社区的文化生活，更提升了居民的幸福感和归属感，让健雅文化的光芒在社区中熠熠生辉。

（三）加强宣传推广，扩大服务影响力

为了引导更多的师生积极参与到社区服务中，宣传推广工作显得尤为重要。学校应当充分利用现代信息技术的优势，通过校园网这一内部平台，定期发布社区服务的最新信息、活动回顾以及参与者的心得体会。这些信息能够直观展示社区服务的实际成果，从而激发更多师生的参与热情。同时，微信公众号作为一个广泛使用的社交媒体平台，也是宣传推广的有力工具。学校可以开设专门的社区服务栏目，在其中分享师生参与社区服务的精彩瞬间、感人故事以及所取得的成效。这种接地气的宣传方式，不仅能够吸引更多人的关注，还能让师生感受到参与社区服务的光荣与自豪。除了线上宣传，学校还可以与社区紧密合作，共同策

划线下宣传活动。例如，在社区的公共场所设立宣传展板，展示学校师生参与社区服务的照片和事迹；或者举办社区服务经验分享会，邀请参与过服务的师生现场讲述他们的经历和感受。这些活动不仅能够提高社区服务的知名度，还能进一步加深学校与社区之间的联系。通过这些多渠道、多形式的宣传推广，可以让更多的人了解到学校师生在社区服务中所做的努力和贡献，进而吸引更多的师生加入这个行列中来。这种正能量的传播，不仅能够提升学校的社会形象，还能促进社区的整体和谐发展，实现学校与社区的双赢。

（四）建立反馈机制，持续改进服务质量

引导师生参与社区服务并非一蹴而就，而是一个需要持续努力和不断改进的过程。为了确保服务质量能够持续提升，建立一个有效的反馈机制至关重要。这一机制的核心在于定期收集来自社区和师生的意见和建议，以便及时了解和掌握服务的实际效果以及可能存在的问题。学校应该设立专门的渠道，如问卷调查、座谈会等，来主动收集这些宝贵的反馈。这些意见和建议不仅能够揭示出服务中的不足和需要改进的地方，还能为未来的服务活动提供有力的指导。针对收集到的问题，学校需要迅速作出反应，对服务流程、内容或方式进行调整和优化，以确保服务能够更好地满足社区和师生的需求。除了改进和优化服务，对在服务中表现优秀的师生进行表彰和奖励也是提升服务质量的重要手段。这种表彰和奖励不仅是对他们辛勤付出的认可，更是一种激励，能够鼓励更多的师生积极参与到社区服务中来。学校可以通过设立"社区服务之星"等奖项，或者在学校的官方网站和公告板上公布优秀服务者的名单和事迹，来增强这种激励效果。通过这些措施的实施，学校与社区的合作水平将不断得到提升。学校将更加了解社区的需求和期望，而社区也将更加信任和依赖学校提供的服务。这种紧密而有效的合作，不仅有助于学校培养更多具有社会责任感和实践能力的师生，还能为社区的发展注入新的活力和动力，最终实现学校与社区的共赢发展。

第三章 健雅文化引领学校发展的实践探索

第一节 健雅文化在课程教学中的融入

一、健雅文化课程开发与实施

（一）课程设计原则与目标

1. 以学生为中心

以学生为中心的课程设计，是现代教育理念的重要体现。在这种设计思路下，健雅文化的课程内容不再仅仅是知识的单向传授，而是要根据学生的兴趣、经验和认知发展水平来构建。这就要求教师在准备课程时，要深入了解学生的需求，关注他们的日常生活和所关心的话题，并将这些元素与健雅文化巧妙地结合起来。例如，可以通过问卷调查、面对面交流等方式，收集学生对健雅文化的看法和兴趣点，进而有针对性地设计课程内容。同时，教师还可以利用学生喜闻乐见的教学形式和活动，如角色扮演、小组讨论等，让学生在轻松愉快的氛围中自然而然地接触到健雅文化，从而激发他们的学习兴趣和积极性。这样，学生不仅能够更好地理解健雅文化的内涵，还能在实际生活中加以应用，真正实现知识的内化与吸收。

2. 实践性原则

实践性原则是健雅文化课程设计的关键要素之一。这一原则强调课程内容应与实际生活紧密相连，让学生在亲身参与中感受和学习健雅文化。为了达到这一目的，教师可以设计一系列与健雅文化相关的实践活动，如传统礼仪的实操演练、古典音乐的演奏与欣赏、传统艺术的体验等。通过这些活动，学生能够亲身感受到健雅文化的独特魅力，并在实践中不断磨练自己的技能。同时，实践性原则还鼓励学生将课堂上学到的知识应用到日常生活中去，比如在社交场合运用所学的礼仪知识，或者在闲暇时欣赏和演奏古典音乐。这样，学生不仅能够在实践中深化对健雅文化的理解，还能在潜移默化中提升自己的文化素养和审美情趣。这种寓教于乐的方式，无疑会使健雅文化的课程教学更加生动有趣，也更能吸引学生的注意力。

3. 综合性原则

综合性原则是健雅文化课程设计的核心指导思想之一。它要求课程设计不仅应关注健雅文化的某一方面，而且要全面、多角度地展示其丰富内涵。具体而言，这意味着课程内容需要涵盖礼仪、艺术、历史等多个维度，让学生在学习过程中能够领略到健雅文化的全貌。例如，在礼仪方面，可以介绍传统礼仪的起源、演变及其在现代社会中的应用，帮助学生理解礼仪在人际交往中的重要性。在艺术领域，可以引导学生欣赏古典音乐、传统舞蹈和绘画等艺术形式，感受健雅文化中的审美情趣。同时，通过讲述健雅文化的历史发展脉络，学生能够更好地理解其深厚的历史底蕴和文化传承。这种综合性的课程设计不仅有助于学生全面了解健雅文化，还能培养他们的跨学科思维能力和综合素养，为他们在未来的学习和生活奠定坚实的基础。

4. 明确课程目标

明确课程目标是健雅文化教学的前提和基础。通过设定清晰、具体的课程目标，教师能够更有针对性地进行教学设计，从而确保达到预期的教学效果。在健雅文化的课程教学中，核心目标是通过系统的教学活动，使学生能够全面了解健雅文化的内涵和价值。这包括对传统礼仪、艺术形式、历史文化等多个方面的深入学习和理解。同时，课程还应致力于培养学生的优雅气质和良好品行，让他们在日常生活中能够自然而然地展现出健雅文化的精神风貌。为了实现这一目标，教师需要结合学生的实际情况和需求，精心设计教学内容和方法，确保每一堂课都能让学生有所收获。此外，定期评估学生的学习成果和反馈也是必不可少的环节，以便及时调整教学策略，确保课程目标得到有效实现。

（二）课程内容选择与安排

1.精选文化元素

在健雅文化课程教学中，精选文化元素是至关重要的一步。由于健雅文化博大精深，包含了诸多方面的内容，因此，在教学时，不能眉毛胡子一把抓，而是要从这丰富的文化宝库中，细心挑选出最具代表性的元素。这些元素不仅能够体现健雅文化的精髓，还能够激发学生的学习兴趣，让他们通过这些元素，深入了解和感受健雅文化的独特魅力。例如，传统礼仪是健雅文化中不可或缺的一部分，它体现了古人的智慧和文明，也是现代社会交往中仍然需要遵循的规范。将传统礼仪纳入课程内容，可以帮助学生更好地理解礼仪的重要性，并在日常生活中加以实践。古典音乐则是健雅文化中的艺术瑰宝，其旋律优美、意境深远，能够陶冶学生的情操，提升他们的审美情趣。围棋艺术则融汇了策略、智慧与心性修炼，通过研习围棋，学生能够体验到一种超凡脱俗的境界，并在布局、对弈的流转间，感受到思维的深邃与心境的淡泊。通过精选这些文化元素，课程不仅能够凸显健雅文化的核心价值，还能够让学生在学习的过程中，真正感受到文化的魅力和力量，从而培养他们的文化素养和人文精神。

2.模块化教学

模块化教学在健雅文化课程中具有重要的应用价值。这种教学方法将课程内容划分为若干个独立的模块，每个模块都聚焦于一个特定的健雅文化主题。这种设计不仅有助于学生分步骤、有计划地学习，还能让他们更深入地理解和掌握每个主题的核心内容。实施模块化教学时，每个模块都有明确的学习目标和内容，学生可以按照模块的顺序逐步深入。例如，第一个模块可以介绍健雅文化的基本概念和特点，帮助学生建立对健雅文化的整体认识；接下来的模块则可以分别深入探讨传统礼仪、古典音乐、围棋艺术等具体的文化元素，让学生对每个主题都有深入的了解和体验。模块化教学的优势在于其系统性和灵活性。系统性体现在每个模块都是按照一定的逻辑顺序排列，有助于学生构建完整的知识体系；灵活性则体现在教师可以根据学生的实际情况和需求，灵活调整模块的内容和顺序，以达到最佳的教学效果。通过这种教学方式，学生能够更加高效地学习和掌握健雅文化，从而提升他们的文化素养和综合素质。

3. 循序渐进

在健雅文化的教学中，循序渐进的原则至关重要。学生的认知规律是一个由浅入深、由易到难的过程，因此，教学内容的安排必须遵循这一规律，以确保学生能够稳步、有序地深入了解健雅文化。按照循序渐进的理念，教学内容应从健雅文化的基础知识开始，如介绍其历史背景、核心理念和基本特点，帮助学生建立起对健雅文化的初步认识。随着学习的深入，可以逐渐引入更为复杂的概念和理论，探讨健雅文化在不同历史时期的发展变迁，以及它在现代社会中的意义和价值。同时，教学内容的难度应逐步提升，从简单的礼仪规范、音乐欣赏，到深入的文化解读、艺术鉴赏，让学生在每个阶段都能有所收获，并激发他们的学习兴趣和动力。通过这种循序渐进的教学方式，学生不仅能够系统地掌握健雅文化的知识体系，还能在学习过程中培养自己的思考能力、分析能力和审美能力。此外，循序渐进的教学还强调对学生的个体差异和学习进度的尊重。教师应根据学生的实际情况，灵活调整教学计划和内容，确保每个学生都能在适合自己的节奏中学习，并逐步深入了解健雅文化的丰富内涵。

（三）教学方法与手段

1. 互动式教学

互动式教学是健雅文化课程中不可或缺的一环。通过问答、讨论等多样化的互动方式，教师能够鼓励学生积极参与到课堂活动中来，从而有效提高他们的学习兴趣。在传统的教学模式中，学生往往只是被动地接受知识，而在互动式教学中，学生需要主动思考、积极发言，这样不仅能增强学生的理解力和记忆力，还能培养他们的逻辑思维和口头表达能力。问答环节可以检验学生对知识点的掌握情况，同时也给了他们即时反馈的机会。而讨论则能促进学生之间的思想碰撞，拓宽彼此的视野，使学习变得更加深入和有趣。这种教学方式让学生在轻松愉快的氛围中自然而然地吸收健雅文化的精髓，实现了教与学的良性互动。

2.多媒体教学

在健雅文化的教学中，多媒体教学发挥着举足轻重的作用。通过利用图片、音频、视频等丰富多彩的多媒体资源，教师能够直观、生动地展示健雅文化的各个方面，从而极大地增强学生的学习体验。比如，通过高清的图片展示，学生可以近距离欣赏到古典艺术的细腻之美；通过音频和视频的播放，他们可以更直接地感受到传统音乐的韵律和舞蹈的优雅。这种教学方式不仅让学生在学习过程中享受到视听盛宴，还能帮助他们更深入地理解和掌握健雅文化的内涵。多媒体教学打破了传统课堂的限制，使学习变得更加生动有趣，有效提升了学生的学习热情和效果。

3.情境教学

情境教学在健雅文化教学中同样具有独特的作用。通过创设与健雅文化紧密相关的情境，教师能够为学生提供一个仿真的实践环境，使他们在模拟实践中学习和运用所学知识。这种教学方式不仅有助于学生深化对健雅文化的理解，还能够锻炼他们的实际操作能力和应变能力。在情境教学中，教师可以设计各种场景，如传统礼仪的宴会、古典音乐的演奏会、围棋艺术的展示等，让学生扮演不同的角色，亲身体验健雅文化的魅力。通过模拟实践，学生能够更加直观地了解健雅文化在日常生活中的实际应用，增强学习的实用性和趣味性。此外，情境教学还能培养学生的团队协作精神和创新能力。在模拟情境中，学生需要相互配合，共同完成任务，这不仅能提升他们的团队协作能力，还能激发他们的创新思维。

二、健雅文化在学科教学中的渗透

（一）文学课程中的健雅元素

在文学课程中融入健雅文化，对学生的全面发展具有重要意义。健雅文化，作为中华传统文化的重要组成部分，其深厚的底蕴和独特的魅力能够为学生提供一个全新的视角来审视和理解文学作品。通过选取包含健雅元素的文学作品，如古典诗词、传统故事等，教师不仅能够引导学生欣赏文学的语言美和意境美，更能让他们深入感受到健雅文化所蕴含的思想精髓。古典诗词中的婉约柔情、豪放洒脱，无不体现了健雅文化的精神内核；而传统故事中的智慧与哲理，更是对学生进行道德教育和人文素养培养的重要资源。在学习的过程中，学生会逐渐发现，健雅文化不仅仅是一种古老的传统，更是一种活生生的、富有生命力的文化现象。它穿越时空的界限，与现代文学相互辉映，共同构建了一个丰富多彩的文学世界。通过对健雅文化的深入了解和体验，学生的文学素养将得到显著提升，他们对传统文化和人文精神的理解也将更加深刻。同时，这种融入健雅文化的文学教学方式，还能够激发学生的学习兴趣和热情。在品味古典诗词的韵味、探寻传统故事的深意过程中，学生会感受到学习的乐趣和成就感，从而更加积极主动地投入到文学学习中去。

（二）艺术课程中的健雅表现

艺术课程，作为学校教育体系中的一部分，不仅仅是技艺的传授，更是文化的传承与展现。在这一平台上，健雅文化得以淋漓尽致地表现，为学生提供了一场视觉与听觉的盛宴。在音乐课程中，教师可以通过教授古典音乐，让学生沉浸在那些流传千年的旋律之中。古典音乐，作为健雅文化的一部分，其悠扬的旋律、深邃的意境，无不透露出一种高雅与庄重。学生在学习的过程中，不仅能够掌握音乐技能，更能够在音乐中感受到健雅文化的深厚底蕴，从而提升自己的音乐鉴赏能力和审美情趣。舞蹈课程则是健雅文化的另一重要展现舞台。传统舞蹈，以其独特的舞姿和韵律，展现了健雅文化的柔美与力量。教师可以通过教授和展示这些舞蹈，让学生在舞动中感受到身体的韵律与美感，同时也更深入地理解健雅文化的内涵。美术课程中，国画无疑是最能代表健雅文化的艺术形式。国画的笔墨之中，蕴含着深厚的文化底蕴和艺术韵味。教师可以通过引导学生欣赏和创作国画，让他们亲身体验到墨色之间的变化与美感，从而更加珍视和传承健雅文化。

通过这些艺术课程的教授与学习，学生不仅能够提升自己的艺术技能，更能够在艺术的熏陶中，深化对健雅文化的理解与感知。

（三）历史课程中的健雅传承

历史课程，作为学校教育体系的核心课程之一，承载着传承和弘扬民族文化的重要使命。在这一课程中，健雅文化的传承显得尤为关键，它不仅是历史的见证，更是民族精神的载体。通过深入讲述健雅文化的历史渊源，教师可以引导学生探寻其起源、发展和演变的过程。这一过程中，学生将了解到健雅文化是如何在历史长河中逐渐形成的，以及它所蕴含的深刻哲理和智慧。这样的教学内容不仅有助于学生建立起对健雅文化的系统认识，还能激发他们对传统文化的兴趣和热爱。同时，通过梳理健雅文化的发展脉络，教师可以帮助学生理解其在不同历史时期所扮演的角色和产生的影响。这种影响不仅体现在文学艺术、哲学思想等方面，更深入到人们的日常生活和行为规范中。

（四）道德课程中的健雅价值观念

道德课程在学校教育中占据着举足轻重的地位，它是塑造学生道德品质、培养学生社会责任感的关键环节。在这一课程中，健雅文化所蕴含的丰富价值观念，如礼仪、谦逊、和谐等，成为不可或缺的教学内容。健雅文化强调的礼仪规范，不仅仅是表面的礼节形式，更代表着一种对他人的尊重和友善。在道德课程中，教师可以通过教授学生传统的礼仪知识，让他们理解到礼仪在人际交往中的重要性，从而学会在日常生活中以礼待人，形成良好的社交习惯。谦逊是健雅文化中的另一重要价值观念。它教导人们要保持谦虚谨慎的态度，不骄不躁，尊重他人。在道德课程中，教师可以通过历史故事、名人传记等方式，向学生传达谦逊的精神，引导他们在取得成就时保持低调，面对挫折时保持坚韧，从而培养出一种谦逊而又不失自信的品质。和谐，作为健雅文化的核心理念之一，强调的是人与人之间的和睦相处以及人与自然的和谐共生。在道德课程中，教师可以通过讨论和案例分析等方式，让学生理解和谐的重要性，并学会在团队中寻求共识、化解矛盾，为构建和谐社会贡献自己的力量。

三、建立健雅文化融入课程教学的评价体系

（一）明确评价标准

在构建健雅文化融入课程教学的评价体系时，明确评价标准是至关重要的一步。这些评价标准不仅为教师和学生提供了明确的目标导向，还是衡量教学效果的重要依据。关于健雅文化的知识理解，评价标准应关注学生是否全面、准确地掌握了健雅文化的核心概念、基本原则和历史文化背景。这需要学生通过课堂学习、阅读相关文献以及参与相关活动，来深入理解和掌握健雅文化的精髓。教师则可以通过测试、课堂提问和小组讨论等方式来评估学生的知识理解水平。在技能掌握方面，评价标准应注重学生在实践中运用健雅文化的能力。这包括学生在艺术创作、文学创作、社交礼仪等方面的技能表现。通过组织学生参加实践活动，如传统艺术表演、文学创作比赛等，教师可以观察和评估学生在实践中如何运用健雅文化技能。情感态度与价值观念的评价则更为复杂，它涉及学生对健雅文化的认同感、尊重程度和热爱程度。教师可以通过观察学生在课堂上的表现、课外活动中的参与度及对健雅文化相关议题的讨论热情等方面来评估学生的情感态度。同时，教师还可以通过与学生的交流，了解他们对健雅文化的看法和价值观念，从而更全面地评价学生的情感态度和价值观念。明确这些评价标准，不仅有助于教师制订更有针对性的教学计划，还能让学生更加清晰地认识到自己的学习目标和方向。这样一来，健雅文化教育就能更加有效地实施，为学生的全面发展提供有力支持。

（二）设计多元评价方式

在探讨健雅文化于课程教学中的深度融合及其成效评估时，构建一套多元化、多维度的评价体系，实为不可或缺之要务。此评价体系，不仅彰显于形式之多元，更蕴含内容之广博，恰如春日里百花齐放，各展其姿，共同织就一幅绚烂的文化教育图景。书面测试，作为传承已久的评价方式，其稳固根基在于其客观性与量化性。通过精心设计的选择题、填空题与简答题，犹如细密的织网，精准

捕捉学生对健雅文化精髓的掌握情况，从基础概念到原则精髓，乃至历史脉络，皆能一一映射，使教师得以洞见学生知识之殿堂的构建程度。口头报告，则如同清泉石上流，以其灵动之姿，为学生提供了一个展现自我、抒发见解的舞台。学生围绕健雅文化的某一主题，深思熟虑后侃侃而谈，不仅锻炼了口语表达与逻辑思维，更让深邃的文化理解与个人感悟交相辉映，展现出思想的火花与文化的深度。作品展示，则以艺术之名，让健雅文化在学生心中生根发芽，绽放出创意之花。无论是书画之美，还是文学之韵，都成为学生心灵之镜，映照出他们对健雅文化的独特理解与情感寄托。教师在此间游走，细品每一份作品的匠心独运，这既是学生实践能力的评估，也见证文化精神传承与创新的过程。至于实践操作，更是将健雅文化的精髓融入生活，使之成为学生行为的指南。在模拟的社交礼仪场景中，学生化身为文化的使者，以礼相待，以雅会友，将所学技能转化为实际行动，展现了健雅文化在塑造人格、提升素养方面的独特魅力。这种评价方式，不仅检验了学生的技能掌握情况，更在无形中强化了文化的实践意义与社会价值。

多元化评价体系的构建，是对健雅文化融入课程教学成效的一次全面而深刻的审视。它如同一面多棱镜，从不同角度折射出健雅文化的璀璨光芒，同时也为教育者提供了丰富的反馈与启示，引领我们在文化传承与创新的道路上不断前行。

（三）注重过程性评价

于健雅文化之教学殿堂中，对学生之评价，切勿囿于终局之考试分数或作品之果，而应深掘学习之旅途，珍视学生态度之端正、努力之不懈与进步之显著。此乃过程性评价之精髓所在，它超脱于单一成果之桎梏，转而聚焦于学生心灵成长之轨迹，铺陈出一幅幅生动的学习画卷。

过程性评价，犹如细品一盏香茗，需慢慢咀嚼，方能领悟其中韵味。它要求教育者以敏锐之眼，细腻之心，捕捉学生在学习健雅文化过程中的每一丝灵动与蜕变。课堂之上，学生的踊跃发言、主动探究、深度交流，皆是心灵之光在健雅文化海洋中闪烁的印记，彰显了他们对知识之渴求与对文化之热爱。作业，作为学习之镜，其完成情况亦不容忽视。按时交付、精益求精之作，不仅映射出学生严谨治学之态度，更透露出他们对健雅文化深刻理解的追求。而课外活动中，学生更是将所学融入生活，通过传统艺术的研习、文化讲座的聆听与参与，将健雅文化之精髓内化于心，外化于行。此等实践，不仅拓宽了学生之视野，亦为其提供了展示自我、锤炼技艺的舞台。

过程性评价之优势，在于其即时性与精准性，能如春风化雨般滋养学生心田，使教师得以及时调整教学策略，因材施教，促进学生个性化发展。同时，此评价方式亦能点燃学生心中之火，激发其内在潜能，使学习之旅充满动力与激情。在健雅文化之教学中，应秉持过程性评价之理念，以全面、发展的眼光审视每一位学生，让其在文化的海洋中自由翱翔，在学习的道路上稳健前行。如此，方能培养出既有深厚文化底蕴，又具创新精神与实践能力的时代新人。

（四）建立反馈机制

在健雅文化的课程教学中，一个有效的反馈机制是评价体系中不可或缺的一部分。这一机制能够确保评价结果和改进建议能够及时、准确地传达给学生和教师，从而推动教学的持续改进和优化。为了实现这一目标，定期的教学反思至关重要。教师应该对自己的教学过程进行深入的剖析，思考哪些方法有效，哪些需要改进，以及学生的反应如何等问题。这种反思不仅有助于教师提升自己的教学水平，还能确保教学内容更加贴近学生的实际需求。此外，学生座谈也是收集反馈的重要途径。通过与学生面对面的交流，教师可以更加直观地了解学生对健雅文化教学的看法和感受。这种直接的沟通方式能够帮助教师及时发现并解决教学中存在的问题，从而提升教学质量。除了教师和学生的反馈，还应该鼓励学生进行自我评价和同伴评价。自我评价能够帮助学生更好地认识自己的学习状况，找出自己的优点和不足，从而制定更加明确的学习目标。而同伴评价则可以培养学生的批判性思维和团队协作能力，让他们在互相评价的过程中学会欣赏他人、接纳不同观点，并不断提升自己。

四、健雅文化与学科教学的相互促进

（一）健雅文化提升学科教学的文化内涵

健雅文化的融入，确实为学科教学带来了更深厚的文化内涵。在各个学科的教学中，健雅文化的理念、故事及实践活动都成为宝贵的教学资源。通过这些资源的引入，教师能够帮助学生更加深入地理解学科知识的深厚历史背景及其重要的社会价值。以历史学科为例，健雅文化的融入，可以让学生更加生动地感受到历史人物的风采和历史的韵味。通过学习健雅文化中的历史故事，学生可以更加直观地了解历史事件的来龙去脉，从而加深对历史知识的理解。同时，这些历史故事中所蕴含的道德观念、人生价值等，也会对学生的思想产生深远的影响。在文学课上，富含健雅文化的诗歌、散文等文学作品可以为学生提供丰富的阅读素材。通过阅读这些作品，学生不仅可以提升文学素养，还能更深入地理解文学作品中所蕴含的人文精神和情感体验。在艺术学科中，健雅文化的融入更是为学生打开了一扇通往艺术殿堂的大门。通过学习健雅文化中的艺术形式和表现手法，学生可以更加深入地领悟艺术的内涵和价值。同时，通过亲身参与艺术创作，学生还能在实践中体验到艺术的魅力，从而增强对艺术的兴趣和热爱。

（二）学科教学强化健雅文化的实践应用

反过来，学科教学同样为健雅文化的实践应用构建了宽广的舞台。在传授各学科知识的过程中，教师不仅讲解理论知识，更可以巧妙地设计与学科知识紧密相连的实践活动。这些活动旨在让学生在亲身实践中深化对知识的理解，同时真切地体验和践行健雅文化。以历史课程为例，教师不仅可以讲述历史事件，还可以引导学生深入研究历史人物的行为举止。通过这种研究，学生不仅能够更生动地理解历史，还能从中领略到谦逊、礼仪等健雅文化的核心价值观念。历史人物的一言一行，往往蕴含着深厚的文化内涵和道德规范，这些都是健雅文化的重要组成部分。通过历史的镜头，学生可以观察到这些价值观念在实际生活中的体现，从而在自己的行为中加以模仿和实践。艺术课程则是另一个展示健雅文化的绝佳平台。在艺术课上，教师可以通过引导学生创作与健雅文化相关的作品，来加深他们对这种文化的理解和感悟。无论是绘画、雕塑，还是音乐、舞蹈，每一种艺术形式都能成为传播健雅文化的有力载体。

（三）健雅文化与学科教学共同促进学生全面发展

健雅文化与学科教学的紧密结合，其深远的目标不仅在于知识的传授，更在于促进学生的全面发展。健雅文化的深厚底蕴，使学生在学习过程中能够领略到中华优秀传统文化的魅力，从而有助于培养他们的道德品质。通过学习和实践健雅文化，学生可以更加懂得尊重、谦逊和包容，形成积极向上的人生态度和正确的价值观念。同时，健雅文化的融入也极大地提升了学生的审美情趣。在艺术的熏陶下，学生学会欣赏美、创造美，他们的心灵得到滋养，生活也因此变得更加丰富多彩。此外，通过对健雅文化的深入学习和体验，学生的人文素养得到了显著提升，他们开始更加关注人与人之间的关系、人与社会的关系及人与自然的关系，这对于塑造他们完整的人格具有重要意义。而学科教学则为学生提供了系统的知识体系和实践机会。在各学科的学习中，学生不仅掌握了基础知识和基本技能，还学会了如何运用所学知识解决实际问题。这种学科知识与实践能力的结合，使学生具备了更强的综合素质和更广阔的发展空间。当健雅文化与学科教学相结合时，二者相互补充、相互促进，共同为学生的全面发展提供了有力支持。在这种教育模式下培养出的学生，不仅拥有扎实的学科知识，还具备良好的文化素养和道德品质。他们既能够应对未来的挑战，又能够成为具有社会责任感、道德观念和审美情趣的全面发展的人才，为社会的进步和发展贡献自己的力量。

第二节 健雅文化在校园活动中的体现

一、健雅主题活动的策划与组织

（一）明确健雅主题活动目标与宗旨

在深入探索健雅主题活动策划的初期，最核心的任务便是清晰地界定活动的目标和宗旨。这不仅关乎活动的整体定位，更是后续策划工作的重要指引。策划者需要深入思考。此次活动究竟是为了弘扬健雅文化，通过具体活动形式和内容，让学生更深入地了解和体验健雅文化的精髓；还是希望通过活动提升学生的文化素养，使他们在参与过程中，不仅感受到健雅文化的独特魅力，还能在无形中提升自己的审美情趣和人文素养。此外，活动目标的设定还可能包括促进校园文化的多元化发展。通过举办健雅主题活动，可以进一步丰富校园文化生活，为学生提供一个展示自我、交流学习的平台。同时，通过活动的举办也能够增强学生对校园文化的认同感和归属感，从而有助于构建一个和谐、多元的校园环境。明确活动的目标和宗旨，不仅有助于策划者更好地把握活动的整体方向，还能够确保活动在设计和实施过程中始终保持一致性。这样，无论是活动内容的安排，还是活动形式的创新，都能够紧密围绕既定的目标和宗旨展开，从而确保活动的最终效果与预期相符。因此，在策划健雅主题活动之初，明确活动的目标和宗旨是至关重要的一步。

（二）设计具有健雅特色的活动内容

设计具有健雅特色的活动内容是确保健雅主题活动成功的核心环节。策划者在这一阶段需要充分发挥创意，同时紧密结合健雅文化的深厚内涵和独特特点，构思出一系列既富有趣味性又蕴含深刻教育意义的活动。为了让学生更加直观地了解健雅文化，策划者可以设计一场健雅文化知识竞赛。通过竞赛的形式，激发学生的学习兴趣和求知欲，让他们在紧张有趣的比赛中掌握健雅文化的相关知识。此外，健雅主题征文比赛也是一个极好的选择，它不仅能够锻炼学生的写作能力，还能让他们在深入挖掘健雅文化内涵的过程中，增强对传统文化的理解和尊重。除了知识性和文学性的活动，传统艺术表演也是展示健雅文化魅力的重要方式。策划者可以邀请校内的艺术团体或者专业的艺术表演者，进行传统音乐、舞蹈、戏曲等艺术形式的表演，让学生在欣赏中感受到健雅文化的艺术之美。同时，为了让活动内容更加丰富和立体，策划者还可以考虑将健雅文化与现代元素相结合，设计出一些创新性的活动。比如，可以举办一场健雅文化主题的时尚秀，让学生在展示传统服饰的同时，也能够展现出健雅文化与现代时尚的完美结合。

（三）制定详细的活动实施方案

制定详尽的活动实施方案，是确保健雅主题活动能够有条不紊进行的重要步骤。这一方案需要涵盖活动的多个关键要素，包括活动的具体时间、地点、预计参与人员，以及必不可少的物资准备。每一个细节都需经过深思熟虑，以确保活动的每一个环节都能顺利推进。在规划时间时，策划者需考虑学校的教学安排、学生的课余时间，以及可能涉及的节假日等因素，选择一个既不影响正常教学秩序，又能吸引大量学生参与的时间段。活动地点的选择也同样重要，它应既能容纳预计的参与人数，又能提供必要的设施支持，如舞台、音响设备等。对于参与人员，策划者需明确活动的目标受众，并根据活动的性质和规模，合理预估参与人数。同时，也要考虑到工作人员的配备，包括主持人、志愿者、安保人员等，确保他们在活动中能够各司其职，保障活动的顺利进行。物资准备方面，从基本的场地布置物品到专业的音响、灯光设备，再到可能需要的奖品、纪念品等，每一项都需提前筹划并列出清单。此外，安全预案的制定也是不容忽视的一环。策划者需对可能出现的紧急情况做出预判，并制定相应的应对措施，如设置急救站点、规划疏散路线等，以确保所有参与者的安全。除了上述基础安排，实施方案中还应特别关注活动的宣传和推广策略。通过校园广播、海报张贴、社交媒体分享等多种渠道，广泛宣传活动信息，激发学生的兴趣，吸引他们积极参与到活动中来。一个周全的宣传计划,不仅能够提升活动的知名度和影响力,还能为活动的成功举办奠定坚实的基础。

(四)组建专业的活动策划与执行团队

组建一支专业的活动策划与执行团队,对于确保健雅主题活动的成功至关重要。这个团队不仅需要拥有丰富的活动策划经验,还要能够熟练地应对各种突发状况,以确保活动的顺利进行。团队成员的选择应慎重考虑,他们应具备出色的组织能力、沟通能力和创新能力。策划人员需要深入了解健雅文化的内涵和特点,以便设计出既符合主题又具有创意的活动方案。组织人员则负责活动的具体安排和协调,确保各项资源得到合理分配和有效利用。执行人员则负责活动的现场实施,包括场地布置、人员接待、流程控制等,他们的专业素养和应变能力将直接影响活动的顺利进行。团队成员之间的密切协作也是确保活动成功的关键。他们需要共同讨论活动方案,明确各自的任务和责任,并在活动过程中保持高效的沟通和协调。在遇到问题时,团队成员应迅速作出反应,共同寻找解决方案,以确保活动的正常进行。此外,团队成员还应具备对活动效果的评估能力。在活动结束后,他们需要收集反馈意见,分析活动的优点和不足,以便在未来的活动策划中进行改进。通过这种持续的反思和改进,团队的专业素养和策划执行能力将得到不断提升,为举办更多成功的健雅主题活动提供保障。

二、健雅文化活动的成效与反馈

(一)活动成效的评估与分析

健雅文化活动圆满落幕后,对其成效进行全面的评估与分析便显得尤为重要。这一环节不仅是对活动组织者和参与者的一个交代,更是为未来能够更好地举办类似活动提供宝贵的经验和教训。在评估过程中,可以通过多种途径来具体衡量活动的实际效果。例如,收集活动现场的照片和视频,通过这些影像资料来回顾活动的精彩瞬间,观察现场氛围和参与者的反应。这些直观的素材能够帮助分析者更加客观地评价活动的成功与否。此外,参与者的反馈也是评估活动成效的重要依据。通过问卷调查、访谈或者社交媒体上的留言等方式，可以了解到参与者对活动的整体满意度、对活动内容的评价及对活动组织的看法等。这些反馈信息能够真实地反映出活动的优点和不足，为后续的改进提供有力的支持。在分析活动成效时，还需要结合活动的目标和宗旨来进行。通过对比活动前后的变化，可以评估活动是否在弘扬健雅文化、提升学生文化素养等方面取得了预期的效果。同时，对活动的组织、内容、参与度等方面进行细致的分析，也是必不可少的环节。比如，活动的组织是否高效有序，活动内容是否丰富多彩且具有教育意义，以及参与者的积极性和热情如何等。

（二）学生反馈的收集与处理

在评价健雅文化活动的成功与否时，学生的反馈是最为直接且关键的指标。学生作为活动的直接参与者，他们的体验和感受对于衡量活动的质量具有决定性的影响。为了全面而深入地了解学生的反馈，我们可以通过多种渠道进行信息的收集。问卷调查是一种高效且系统的方式，通过设计有针对性的问题，可以广泛地收集到学生对活动整体、活动环节、活动内容及活动组织等方面的看法和建议。而面对面访谈则更为深入，可以与学生进行直接的交流与沟通，捕捉他们更为真实的想法和感受。此外，随着社交媒体的普及，通过社交媒体互动也能及时获取学生的即时反馈，这种方式更具时效性和互动性。收集到的学生反馈是一座宝贵的矿藏，它不仅能揭示出活动的亮点与不足，更能为未来的活动策划提供有力的指引。在处理这些反馈时，必须持有一种开放和包容的态度。这意味着，无论学生的反馈是正面的赞扬还是负面的批评，都应该被平等对待，并作为改进的依据。倾听学生的声音，不仅是对他们尊重的体现，更是提升活动质量的关键。对于那些具有建设性的建议和意见，应积极采纳，并将其融入未来的活动策划中。这样，不仅能够让学生感受到他们的意见被重视，也能促使活动不断地优化和完善。

（三）社会影响的观察与总结

健雅文化活动，作为校园文化的重要组成部分，其影响力往往不局限于校园内部。事实上，这类活动有可能在社会上产生深远的效应，成为连接学校与社区乃至更广泛社会的桥梁。活动结束后，对其社会影响的观察和总结显得尤为重要。媒体作为信息传播的重要渠道，其对活动的报道量和报道态度，往往能反映出活动的社会关注度。如果多家主流媒体对活动进行了深入报道，这通常意味着活动已经触及了社会的某些敏感点，引发了公众的广泛关注。在数字时代，社交媒体上的讨论热度也是衡量活动社会影响的一个重要指标。网友的转发、评论和点赞，不仅展示了他们对活动的兴趣，也在一定程度上放大了活动的影响力。通过这些互动数据，可以洞察到公众对健雅文化的认知和态度。此外，相关行业或机构对活动的关注程度，也是判断活动社会价值的一个重要依据。如果活动能够吸引到这些行业领袖或机构的注意，甚至促成他们与学校的合作，那么这无疑是对活动价值的极大肯定。在总结活动的社会影响时，还应关注活动在推广健雅文化、提升学生素养以及促进校园文化交流等方面所发挥的积极作用。这些方面的成果，不仅体现了活动的教育意义，也为未来的活动筹划提供了明确的方向。例如，如果活动成功地引发了学生对健雅文化的兴趣，那么在未来的活动中，就可以更加注重这一文化的传承与创新。

（四）持续改进与未来展望

在全面评估了健雅文化活动的成效，收集了学生的宝贵反馈，并深入观察了活动所产生的社会影响之后，接下来的关键步骤就是基于这些信息进行持续改进，并对未来的活动进行展望和规划。活动的持续改进是一个动态的过程，它要求组织者不断地反思、调整和优化。根据活动成效的评估结果，可以发现并修正存在的问题，比如活动流程的烦琐、内容安排的合理性等。学生反馈中提到的意见和建议，如希望增加更多互动环节、提高活动的趣味性和参与性等，也是改进的重要参考。同时，社会影响的观察结果也能为活动的改进提供方向，比如如何更好地将健雅文化与社会热点相结合，以提升活动的社会价值和影响力。在改进过程中，优化活动内容是关键一环。可以考虑引入更多富有创意和教育意义的环节，使活动更加生动有趣。提升活动品质也至关重要，包括提高活动的组织效率、服务质量以及参与者的体验等。此外，拓展活动形式也是一个有效的改进方向，比如可以尝试线上线下相结合的活动形式，以吸引更多学生的参与。展望未来，健雅文化活动应紧密结合学校的发展战略和学生的实际需求进行规划。随着教育理念的不断更新和学生需求的变化，活动计划也需要与时俱进。未来的活动可以更加注重培养学生的创新思维和实践能力，通过丰富多样的活动形式，让学生在参与中收获成长与快乐。

三、健雅文化社团的建设与发展

（一）社团的创立与初衷

健雅文化社团的创立，承载着深厚的文化背景与教育意义。这个社团并非凭空而生，而是在一群对健雅文化怀有浓厚兴趣的学生推动下应运而生的。它的出现，不仅是为了提供一个平台，让学生能够更深入地了解和传承健雅文化，更是源于对这一文化传统深厚的尊重和热爱。在当今社会，文化的多元化和碎片化使得许多中华优秀传统文化逐渐被边缘化，甚至面临失传的风险。健雅文化作为其中之一，其深厚的历史底蕴和丰富的文化内涵值得被更多的人所了解和传承。正是基于这样的认识和担忧，健雅文化社团应运而生，它肩负着传承和弘扬健雅文化的重任。社团的成立，也深刻地反映了学生对于文化探索和实践的渴望。在完成繁重的学业之后，他们渴望有一个能够自由探索、实践和创新的平台。健雅文化社团正是这样一个平台，它不仅为学生提供了学习和实践健雅文化的机会，更让他们在参与社团活动的过程中，亲身体验到传统文化的魅力和价值。通过社团的活动，学生有机会亲身参与到健雅文化的实践中去，从而更深刻地领悟其精髓。这种领悟不仅仅停留在知识层面，更深入到心灵深处，让学生在实践中得到成长和提升。同时，这些活动也为学生提供了一个展示自我、锻炼能力的舞台，帮助他们在提升文化素养的同时，也培养了自信心和团队协作精神。

（二）组织架构与运作机制

健雅文化社团为了确保其日常运作的高效与稳定，特别构建了一套完善的组织架构。这一架构的顶层设计由社长负责，社长不仅需要对社团的整体发展方向进行把控，还需协调各部门之间的工作，确保各项任务和活动的顺利推进。副社长则负责协助社长处理日常事务，并在社长缺席时履行其职责。在社长和副社长的领导下，社团设立了多个部门，每个部门都有明确的职责范围和工作目标。这些部门包括但不限于组织部、宣传部、策划部等，每个部门都由经验丰富的负责人领导，他们不仅负责本部门的工作计划和执行，还需与其他部门保持紧密沟通，以确保社团整体工作的协调与一致。为了保障社团活动的有序进行，社团内部还制定了一系列详细的管理规定。这些规定明确了成员的权利和义务，规范了社团活动的组织流程和实施细节。无论是活动的策划、准备，还是执行和总结，都有明确的步骤和标准可供遵循，这极大地提高了社团工作的效率和质量。除了完善的管理规定，社团还特别注重成员之间的沟通与协作。为此，社团建立了多种沟通渠道，包括定期的例会、线上的交流平台以及不定期的团建活动，以确保成员之间的信息交流畅通无阻。

（三）活动开展与特色打造

要真正传承和推广健雅文化，仅靠理念宣讲是远远不够的。因此，要充分发挥健雅文化社团的作用，通过社团积极策划并开展一系列丰富多彩的活动，通过实践让学生更深入地了解和体验健雅文化的魅力。讲座和研讨会是社团的常规活动之一。社团定期邀请健雅文化领域的专家学者或资深从业者，为学生带来最前沿、最深入的文化解读和分享。通过这些讲座和研讨会，学生不仅能够获得专业的知识，还能与嘉宾进行互动交流，进一步加深对健雅文化的理解和认同。除了讲座和研讨会，实践体验也是社团非常重视的活动形式。社团组织学生参与各种与健雅文化相关的实践活动，如实地考察、手工制作、艺术表演等。这些活动让学生有机会亲身感受健雅文化的独特魅力，从而更加深刻地领悟其内涵和价值。为了进一步提升学生对健雅文化的兴趣，社团还应特别注重打造特色活动。比如，健雅文化节和健雅文化主题沙龙就是两个很好的活动亮点。健雅文化节是一个集展示、交流、体验于一体的综合性活动，学生可以在这个节日中全方位地感受健雅文化的魅力。而健雅文化主题沙龙则为学生提供了一个自由讨论、分享心得的平台，有助于培养他们的思辨能力和表达能力。这些活动的开展，不仅增强了学生对健雅文化的理解和认同，更重要的是，在组织和参与这些活动的过程中，学生的组织能力和团队协作精神得到了极大的锻炼。他们学会了如何策划活动、协调资源、沟通协作，这些都是他们未来人生道路上不可或缺的重要能力。

（四）资源整合与合作伙伴关系

在推动健雅文化传播和发展的道路上，单凭学校自身的力量难以达到最佳效果。因此，学校应积极拓展外部资源，与多方建立稳固的合作关系，以期通过资源整合，共同为健雅文化的繁荣贡献力量。学校作为教育和培养未来社会栋梁的摇篮，对于文化传承有着天然的责任和使命。通过与上级相关部门的深入沟通，学校争取到了资金、场地及宣传等方面的大力支持。这些资源为学校举办各类活动提供了有力保障，使得健雅文化的传播更加广泛和深入。此外，学校还积极与企业界展开合作。众多具有社会责任感的企业对于文化传承也表现出浓厚的兴趣。通过与这些企业的合作，学校不仅获得了资金支持，还得到了企业提供的实践机会。这些宝贵的经验对于学校及学生的成长具有不可估量的价值。与此同时，文化机构也是学校重要的合作伙伴。博物馆、图书馆、艺术馆等文化机构拥有丰富的文化资源和专业的指导力量。学校通过与这些机构的合作，得以借助其平台和资源，举办更多高质量的文化活动，进一步提升了健雅文化的影响力。

第三节 健雅文化在师生日常生活中的践行

一、师生共同参与健雅文化实践

（一）课堂中的健雅互动

1. 师生互动中的文化传递

在课堂的师生互动环节中，健雅文化的传递显得尤为关键。教师通过精心的教学设计，将健雅文化的精髓巧妙地融入课堂内容，使学生在学习知识的同时，也能感受到传统文化的深厚底蕴。在提问与回答的过程中，教师不仅关注学生的知识掌握情况，更注重引导学生用健雅、得体的语言进行表达，培养学生的文化素养和表达能力。而学生则在与教师的互动中，逐渐领悟到健雅文化的内涵，学会如何在日常生活中践行健雅，提升自身的道德修养。这种师生互动中的文化传递，不仅丰富了课堂教学内容，更有助于培养学生的综合素质，为他们的未来发展奠定坚实基础。

2. 学生小组合作与健雅讨论

在课堂学习中，学生之间的小组合作与健雅讨论是培养学生团队协作能力、批判性思维以及语言表达能力的重要环节。在小组合作中，学生围绕特定主题展开讨论，各抒己见，共同探讨问题。在这一过程中，教师引导学生以健雅的态度进行交流，尊重他人的观点，避免使用攻击性言辞，从而营造出和谐、积极的讨论氛围。学生在讨论中不仅学会了如何以理服人、用事实说话，还培养了他们的包容心和同理心。通过这样的小组合作与健雅讨论，学生不仅提升了自身的学习能力，更在潜移默化中形成了健雅的文化品格，为他们的全面发展打下了坚实基础。

（二）课外活动的健雅体验

1. 健雅主题的文化活动组织

课外活动作为校园文化生活的重要一环，承载着丰富多彩的文化内涵，而健雅主题的文化活动，无疑是这些课外活动中最为璀璨夺目的明珠。这类活动以传统文化为根基，通过多样化的艺术形式如舞蹈、音乐和戏剧等，淋漓尽致地展现了健雅文化的深厚底蕴和无限魅力。活动组织者深感责任重大，因此在策划过程中倾注了极大的心血。他们不仅要确保活动的趣味性，以吸引师生的积极参与，还要兼顾活动的教育意义，让参与者在轻松愉快的氛围中领略到传统文化的博大精深。为了达到这一目的，组织者对每个环节都进行了精雕细琢，从活动主题的确定到具体内容的安排，再到活动形式的创新，无一不体现出他们的匠心独运。

举办围棋比赛，让师生在下棋、观棋的过程中感受到围棋文化的智慧与优雅；书法展览则通过一幅幅墨宝，向师生展示了书法艺术的独特魅力和书写者的精神风貌；古典诗词朗诵会更是让师生在抑扬顿挫的诗词中，领略到古代文人的风采和中华文化的瑰丽。这些深受师生喜爱的健雅文化活动，不仅丰富了校园文化生活，更在潜移默化中加深了师生对健雅文化的认识和喜爱。

2. 师生共同参与的传统文化学习

除了专门组织的文化活动，学校还在课外时间为师生提供了共同深入学习传统文化的宝贵机会。这种学习模式与课堂上的正式教学有所不同，它更侧重于实际操作与亲身体验，而不仅仅是纸上谈兵。在课余时间，师生可以携手探索各种传统手工艺，如精美的剪纸、栩栩如生的泥塑等。这些手工艺不仅是技艺的传承，更是文化的载体。通过亲手制作，师生能够亲身感受到传统文化的独特韵味和深厚底蕴，这种亲身体验带来的震撼与领悟，远胜于单纯的口头传授。此外，参加传统文化讲座和研讨会也是师生共同学习的重要途径。在这些活动中，师生可以聆听到专家学者对传统文化深入浅出的解读，了解传统文化的历史演变、哲学思想以及其在现代社会的实际应用价值。这种学习方式不仅能够拓宽师生的知识视野，更能够加深他们对传统文化的理解与认同。这种共同参与的学习方式，极大地促进了师生之间的情感交流。在共同探索和学习的过程中，师生之间的关系变得更加亲密，彼此之间的了解也更加深入。同时，这种学习方式也为传统文化的传承和发展注入了新的活力。

3. 健雅文化体验的分享与交流

在课外活动中，健雅文化体验的分享与交流成为不可或缺的一环。师生经过一系列健雅文化活动的参与和学习实践，内心已经积累了大量的体验和深刻的感悟。这些独特的体验和感悟，如同璀璨的星辰，照亮了他们的精神世界，也激发了他们与他人分享的欲望。为了满足这种分享与交流的需求，学校会精心组织定期的分享会或交流会。在这样的场合中，师生得以将自己在健雅文化活动中的所见所闻、所思所感，自由地表达出来。他们或许会谈论在围棋比赛中的心得体会，或许会分享书法练习中的酸甜苦辣，又或者是讲述在古典诗词朗诵会中的感悟与启发。这种分享与交流的价值远不止于简单的信息传递。它更像是一把钥匙，能够帮助师生更深入地打开健雅文化的大门，真正理解其内涵和价值。在交流中，不同的观点和见解相互碰撞，新的思考和认识由此产生，这不仅锻炼了师生的创新思维，也激发了他们的批判性思维。此外，这样的分享与交流会还形成了一个宝贵的相互学习和借鉴的平台。在这里，每个人都可以从他人的分享中汲取灵感，发现自己的不足，寻找进步的方向。这种积极向上的氛围，无疑为校园文化注入了新的活力，推动了一个共同进步、和谐共生的校园文化氛围的形成。

（三）校园生活中的健雅风尚

1. 校园文明公约与健雅行为规范

校园文明公约与健雅行为规范，这两者共同构成了塑造校园健雅风尚的坚实基石。校园文明公约，作为一份具有约束力的行为准则，清晰地界定了师生在校园生活中应遵循的道德和行为标准。它不仅弘扬了中华民族的传统美德，如礼貌待人、尊重师长、友爱同学，更将健雅的理念融入其中，特别强调师生的言行举止要得体、文明。这份公约的存在，如同校园生活中的一盏明灯，指引着师生走向文明与健雅。它倡导的是一种自觉遵守秩序、崇尚文明礼貌的精神风貌，这种风貌在校园的每一个角落都得以体现。无论是在课堂上、图书馆里，还是在食堂里、操场上，师生都以公约为行为准则，共同营造出一个和谐、有序的校园环境。与此同时，健雅行为规范则是对校园文明公约的进一步补充和细化。它从穿着、语言、举止等多个方面，对师生的日常行为提出了更为具体的要求。比如，穿着要得体，这不仅体现了师生的个人形象，更是对校园文化的尊重；语言要文明，避免使用粗俗、不雅的言辞，以营造出一个清新、健康的交流氛围；举止要大方，不卑不亢，展现出师生的自信与从容。

2. 师生共同营造健雅校园文化

健雅校园文化的营造，离不开师生的共同努力与投入。在这一过程中，教师发挥着举足轻重的作用。他们不仅在课堂上传授知识，更通过自身的言行，潜移默化地传递着健雅文化的核心价值观念。每一位教师都是学生的楷模，他们的每一个细微动作、每一句话语，都在无形中影响着学生的思想和行为。在这样的熏陶下，学生逐渐学会了如何以健雅的态度面对生活和学习，如何树立正确的世界观、人生观和价值观念。而学生也并非只是被动地接受者，他们同样是校园文化建设的积极参与者。他们充满活力与创意，通过组织或参与各种活动，如文艺演出、读书会、讲座等，不仅丰富了自己的课余生活，更为校园文化注入了新的活力和色彩。在这些活动中，学生能够锻炼自己的组织能力、协调能力和沟通能力，同时也能够更深入地理解和体验健雅文化的内涵。这种师生共同参与的校园文化营造方式，不仅增强了师生之间的凝聚力，更让学校成为一个充满温馨与和谐的大家庭。师生在这里找到了归属感，对学校的认同感也日益增强。而这种归属感和认同感，正是健雅文化传承和发展的坚实基础。

3. 健雅榜样人物的评选与表彰

在推动健雅风尚在校园内的传播过程中，评选与表彰健雅榜样人物成为一项重要的举措。这些榜样人物，是在校园生活中闪耀着健雅光芒的优秀代表。他们以身作则，用自己的实际行动诠释着健雅文化的真谛，成为师生心目中的楷模。通过定期的评选活动，学校能够发掘出在践行健雅文化方面表现突出的个体。他们的优秀事迹和品质，在校园内得到了广泛的传播和赞誉。而表彰活动，则是对他们努力和贡献的肯定，同时也是对其他师生的激励和鞭策。这种正面的激励机制，在校园内营造了一种积极向上的氛围。师生纷纷以榜样人物为标杆，努力提升自己的品质和行为。在这样的环境下，践行健雅文化不再是一种要求，而是成为一种自觉的行动。健雅风尚在校园内得到了广泛的传播，深入人心，成为校园文化的重要组成部分。

（四）社会实践中的健雅传承

1. 师生参与社区健雅文化推广活动

社会实践被视为健雅文化传承的桥梁。在社区这片属于大众的土壤上，师生以满腔热情投身于推广健雅文化的活动中。他们借助讲座、展览、表演等多种形式，将健雅文化的独特魅力和深厚底蕴展现给社区居民。每一次的推广，都是对健雅文化的一次深情告白，也是对其传承责任的一次郑重承诺。通过这些活动，社区居民的文化生活得到了极大的丰富，他们有机会近距离地感受健雅文化的气息，了解其背后的历史和故事。而师生在推广过程中，也深刻地感受到了健雅文化的生命力和影响力。他们发现，健雅文化不仅仅是一种历史遗产，更是一种生活态度，一种可以跨越时空、连接人心的精神纽带。这种深刻的理解，使他们在日常生活中更加自觉地践行和传承健雅文化，将其融入生活的方方面面。

2. 健雅文化教育基地的建立与实践

为了更有效地传承健雅文化，建立专门的健雅文化教育基地成了不可或缺的举措。这些基地，如同文化的殿堂，为师生提供了一个亲身感受、实践健雅文化的宝贵平台。在这里，传统与现代交融，历史与未来对话，为健雅文化的传承注入了新的活力。在教育基地中，师生有机会亲身参与到健雅文化的实践中。他们学习传统手工艺，亲手制作精美的手工艺品；他们体验传统文化活动，深刻感受其背后的文化意蕴。这些实践活动，不仅让师生领略了健雅文化的独特魅力，更激发了他们对传统文化的热爱与尊重。同时，教育基地还承担着更广泛的文化传播使命。通过定期举办各种文化活动，如展览、讲座、演出等，教育基地吸引了公众的关注和参与。这些活动不仅丰富了公众的文化生活，更在无形中推动了健雅文化的广泛传播。在这里，每一个人都可以成为健雅文化的传承者和推广者，共同为这种独特文化的繁荣与发展贡献力量。

3. 传统文化节日的庆祝与传承活动

传统文化节日，承载着深厚的历史文化底蕴，是健雅文化传承不可或缺的一环。在这些具有特殊意义的日子里，如春节、中秋等，师生携手组织丰富多彩的庆祝与传承活动。春节的庙会，处处张灯结彩，热闹非凡，舞龙舞狮、踩高跷等传统表演令人目不暇接，师生身着传统服饰，参与其中，感受着浓浓的年味和传统文化的独特魅力。而中秋的赏月晚会，则让人们在皎洁的月光下，共赏诗词歌赋，品味着中华文化的深邃与优美。通过这些庆祝活动，健雅文化的核心价值观念和精神内涵得以充分展现和弘扬。尊老爱幼、和睦相处、勤劳节俭等传统美德，在活动中得到了淋漓尽致的体现，为社会的和谐发展注入了新的活力。同时，这些活动也为师生提供了一个展现自己才华和创意的绝佳舞台。他们或挥毫泼墨，书写对联；或翩翩起舞，演绎古典舞蹈；或放声歌唱，表达对传统文化的热爱与敬仰。这些活动不仅锻炼了师生的才艺，更激发了他们对健雅文化的热爱。此外，通过这些传统文化节日的庆祝活动，师生还深入了解了传统文化的丰富内涵和独特价值。他们开始更加珍视这份宝贵的文化遗产，并立志要将其传承下去并发扬光大。

二、健雅文化成为师生生活的一部分

（一）日常生活中的健雅浸润

1. 言行举止展现健雅风范

在日常生活中，师生对自己的言行举止有着极高的要求，他们时刻以健雅为标准来规范自己的行为。健雅，不仅仅是一种外在的表现形式，更是一种内在的修养和精神追求。师生深谙此道。因此在与人交往中，总是能够自然而然地流露出礼貌与尊重。他们对待每一个人都保持着友善和谦逊的态度，无论对方的身份地位如何，都能给予同等的尊重和关注。在与人交流时，他们总是能够耐心倾听，不轻易打断别人的发言，展现出极高的素养和风度。不仅如此，他们的言行举止还透露出一种独特的魅力，那是道德修养和人格魅力的综合体现。他们懂得如何控制自己的情绪，保持冷静和理智，即使在面对困难和挑战时，也能以平和的心态去应对。这种稳健和从容不迫的气质，让人不由自主地对他们产生信任和敬意。无论是在校园内还是校园外，这些师生都能以身作则，成为健雅文化的传播者。他们的每一个细微的动作、每一句温暖的话语，都在传递着健雅文化的核心价值观念。在他们的影响下，周围的人也逐渐被这种文化所感染，开始注重自己的言行举止，提升自己的道德修养。

2. 生活习惯体现健雅理念

在快节奏的现代生活中，一些师生通过自身的生活习惯，展现出了健雅的生活理念。他们不仅注重生活的品质，更在细节中流露出对健康和雅致的追求。这些师生养成了良好的生活习惯，从保持居住环境的整洁、有序做起。他们的居住空间总是井井有条，物品摆放得整齐，这种整洁的环境不仅使生活更加舒适，也反映出他们对生活的热爱和对美的追求。同时，他们非常注重个人卫生和公共卫生，这不仅是对自身健康的负责，更是对他人和社会的尊重。在饮食习惯上，他们倡导健康饮食，注重食物的营养搭配和饮食的均衡。他们选择新鲜、天然的食材，避免摄入过多的油腻和垃圾食品。这种健康的饮食习惯不仅让他们的身体更加健康，也帮助他们在忙碌的生活中保持了充沛的精力。此外，他们还非常重视规律的作息。每天保证充足的睡眠时间，早晨按时起床，晚上避免熬夜。这种规律的作息习惯有助于调整身体状态，提高工作效率，同时也为他们的身心健康打下了坚实的基础。适度的运动锻炼也是他们生活中不可或缺的一部分。无论是晨跑、做体操还是健身，他们总能找到适合自己的运动方式。运动不仅让他们保持了良好的身材和体态，更让他们在运动中感受到了生活的乐趣和挑战。

（二）学习生活中的健雅追求

1. 严谨治学，追求卓越

在学习生活中，师生以严谨的学习态度，深入挖掘知识的本质，追求真知灼见。对于他们而言，学习不仅仅是为了应付考试或完成任务，更是一种对知识的探索和对真理的追求。他们非常注重知识的系统性和完整性，认为只有全面地了解一个领域，才能真正掌握其中的精髓。因此，他们不断地拓宽自己的专业视野，通过阅读大量的文献资料，参加各种学术会议，与同行进行深入的交流，来不断丰富自己的知识储备。在提升学术素养的过程中，他们不仅注重理论知识的学习，还非常重视实践经验的积累。他们积极参与各种科研项目和实践活动，通过实际操作来加深对理论知识的理解，并提高自己的动手能力。更为难能可贵的是，他们不仅不满足于现有的知识水平，更勇于探索创新，追求卓越成果。他们敢于挑战传统观念，提出新的理论和观点，为学术领域的发展作出了重要贡献。他们的创新精神不仅推动了学术的进步，也为后来的学者提供了宝贵的启示和借鉴。

2. 诚信为本，学术道德为先

在学术研究这片神圣的领域里，师生始终坚守着诚信原则，他们视学术道德为研究的基石。对于他们而言，每一次研究都必须严格遵循学术道德规范，这不仅是对自己学术生涯的负责，更是对知识和真理的尊重。实验数据的真实性和可靠性对于学术研究至关重要。因此，在进行实验时，他们总是严谨、细致地记录每一个数据，确保实验结果的客观性和准确性。因为只有真实的数据才能为学术研究提供有力的支撑，任何伪造或篡改数据的行为都是对学术的亵渎。同时，他们坚决杜绝抄袭、剽窃等不端行为。在撰写学术论文或报告时，他们始终秉持原创精神，尊重他人的知识产权。抄袭和剽窃不仅是对原作者的不尊重，更是对学术研究的侮辱。因此，他们始终坚守着学术道德的底线，用自己的努力和智慧去创造真正有价值的学术成果。此外，他们还积极倡导并践行学术诚信。在学术交流与合作中，他们始终保持坦诚和透明的态度，与他人分享自己的研究成果和经验。他们相信，只有通过诚信的合作与交流，才能推动学术研究的不断进步和发展。

（三）社交活动中的健雅展现

1. 以礼待人，和谐交往

在纷繁复杂的社交活动中，一些师生总能以礼待人，友善相处，展现出高度的社交素养。他们知道，以礼待人是建立和谐人际关系的基础，因此他们始终注重社交礼仪和交往技巧的培养与实践。在与人交往中，这些师生总是面带微笑，用温暖的话语和得体的举止，传递出友善与尊重。他们善于倾听他人的想法和意见，给予积极的反馈，使得交往过程充满愉悦与轻松。他们的言行举止，无不体现出对和谐关系的追求和维护。为了营造和谐融洽的人际关系，这些师生还积极参与各类社交活动。在这些活动中，他们不仅拓宽了人脉资源，结识了更多志同道合的朋友，还通过交流与合作，提升了自身的社交能力和团队协作精神。他们懂得如何在团队中发挥自己的优势，与他人协同工作，共同完成任务。这些师生的交往方式，不仅让他们在社交场合中游刃有余，更让他们在团队协作中展现出卓越的领导力。他们以礼待人、和谐交往的品格，赢得了他人的尊重和信任，也为自己的未来发展奠定了坚实的基础。

2. 传递正能量，引领社会风尚

在充满活力的社交舞台上，一些师生不仅积极参与，更是以自身的正能量影响着周围的环境。他们在各种社交活动中，始终保持着积极向上的态度，无论面对何种困境，都能以乐观的心态去面对，这种正能量无疑感染着每一个与他们接触的人。他们以身作则，率先垂范，通过自己的言行来倡导文明新风尚。在公共场合，他们总是严格遵守公共秩序，尊重他人，展现出高度的文明素养。他们的行为，仿佛在告诉周围的人：每一个人都可以成为文明的传播者，每一个人都有能力让社会变得更加美好。这些师生不仅仅满足于在社交活动中传递正能量，他们还通过参与社会公益活动、志愿服务等实际行动，来践行健雅文化的核心价值观念。他们深入社区，帮助那些需要帮助的人，他们的善举不仅仅是对弱势群体的关爱，更是对社会和谐稳定的贡献。在这些师生的影响下，越来越多的人开始关注自身的言行，开始注重文明礼貌，开始积极参与公益活动。他们的实际行动，无疑为社会注入了更多的正能量，引领了社会的新风尚。

三、日常行为规范与健雅精神

（一）日常行为规范中的健雅体现

1. 言谈举止的文雅得体

在校园的每一个角落，师生的日常交流都透露着一种文雅与得体。语言不仅仅是沟通的工具，更是展现个人修养和品格的窗口。因此，在日常交流中，他们始终保持着语言的文明与礼貌，避免使用任何粗俗或不礼貌的言辞。在课堂上讨论学术问题时，师生能够以平和、理性的语气阐述自己的观点，尊重他人的意见，展现出深厚的学术素养和严谨的治学态度。即使在争论中，他们也从不使用攻击性的语言，而是以理服人，通过摆事实、讲道理来争取他人的认同。在生活中闲聊时，他们同样注重语言的文雅与得体。无论是谈论天气、分享趣事，还是交流心得，他们都能以友善、亲切的态度与他人沟通，营造出轻松愉快的聊天氛围。

他们的言谈中透露出对生活的热爱和对美的追求，使得每一次交流都成为一次愉悦的精神享受。此外，他们在言谈中还特别注重倾听。他们懂得，倾听是对他人最基本的尊重，也是有效沟通的前提。因此，在交流中，他们总是耐心倾听他人的发言，给予积极的回应和反馈，展现出一种谦逊、和善的态度。

2. 公共空间的秩序维护

在图书馆、食堂、教室等公共场所，师生的行为举止不仅代表了个人的素养，更映射出一个集体的文明程度。这些场所是大家共享的资源，每个人都有责任和义务去维护它们的秩序和环境。走进图书馆，你会看到师生自觉地保持安静，轻声细语，以免打扰到其他正在学习或阅读的人。他们在书架前仔细挑选书籍，有序借阅，并在阅读后将书籍整齐归位，以方便他人查找。这种对公共资源的尊重和爱护，体现了他们的文明素养和公共意识。在食堂，师生排队取餐，有序就餐，不插队，不喧哗。食堂是大家共同就餐的地方，保持良好的秩序和环境是每个人的责任。用餐后，他们会自觉清理餐盘，将垃圾投放到指定的垃圾桶内，以保持食堂的整洁和卫生。在教室，师生更是严格遵守课堂纪律，不随意说话、走动，手机也调至静音状态，以免干扰到老师的授课和其他同学的学习。他们坐姿端正，认真听讲，积极参与课堂讨论，营造出一种良好的学习氛围。

（二）健雅精神在日常生活中的渗透

1. 积极向上的生活态度

在快节奏、高压力的现代社会中，师生以积极向上的生活态度面对每一个新的挑战和机遇。他们珍惜每一分每一秒，努力学习，不断充实自己，以求在知识的海洋中更进一步。无论是在课堂上，还是在课外，他们始终保持着对知识的渴望和对进步的追求。他们利用一切可以利用的时间，阅读、研究、实践，以期在专业领域和综合素质上都能达到更高的水平。当遇到困难时，他们并不会轻易放弃或沮丧。相反，他们选择保持乐观的心态，勇于面对挑战，坚信自己有能力克服一切阻碍。这种坚韧与毅力，正是健雅精神中的重要一环，也是他们能够在逆境中不断成长、不断进步的关键所在。他们相信，只有不断挑战自己，才能发现自己的潜力，才能实现自我价值。因此，他们总是以积极向上的态度去面对生活中的每一个挑战，无论是学习上的困难，还是生活中的挫折，都不能阻挡他们前进的脚步。

2. 团结协作的集体意识

在团队活动或集体项目中，师生所展现出的团结协作的集体意识尤为引人注目。一个人的力量是有限的，而集体的力量是无穷的。因此，在面对各种挑战和任务时，他们总是能够相互支持、密切配合，共同为达成目标而努力。无论是在学术研究中、文艺演出中，还是体育竞赛中，这种团结协作的精神都体现得淋漓尽致。在学术研究中，他们分工合作，共享资源，共同攻克难题；在文艺演出中，他们互相配合，各展所长，呈现出精彩的节目；在体育竞赛中，他们更是齐心协力，为了团队的荣誉而拼搏。这种团结协作的精神，不仅让师生在各项活动中取得了优异的成绩，更重要的是，它增强了集体的凝聚力，让每一个人都感受到了团队的力量和温暖。在这个过程中，他们也更加深入地理解了健雅文化中和谐共进的价值观念。他们明白，只有团结一致，才能共同进步，实现更大的目标。同时，这种团结协作的集体意识也促进了师生之间的交流与沟通。在合作中，他们学会了如何更好地与他人协作，如何处理团队内部的矛盾和分歧，如何为了共同的目标而努力。这些经验不仅对他们的个人成长有着重要的意义，也为他们未来打下了基础。

3. 勇于担当的社会责任感

在社会的广阔舞台上，师生以高度的社会责任感，积极投身到各种公益活动中。这份责任感，不仅驱动他们关注社会问题，更激励他们以实际行动去改善社会环境，为社会的和谐稳定贡献力量。他们关注弱势群体，无论是贫困山区的孩子，还是城市中的流浪者，都牵动着他们的心。在日常生活中，他们通过各种方式，如捐款捐物、志愿服务等，为这些弱势群体送去关爱和帮助。他们的善举，不仅为受助者带来了温暖和希望，更在社会中传递了正能量。此外，他们还积极参与环保、公益教育等社会活动。他们身体力行，倡导绿色低碳的生活方式，推动社会的可持续发展。在教育领域，他们义务辅导贫困学生，传播知识，点燃孩子对未来的希望。他们的这些实际行动，正是勇于担当的社会责任感的生动体现。他们不仅关注自身的成长与发展，更将目光投向了社会，用实际行动去践行健雅精神中的社会责任感。这种责任感，不仅让他们的人生更加充实和有意义，也为社会的发展注入了新的活力。

第四节　健雅文化在学校管理中的融合

一、健雅文化与教育理念的融合

（一）健雅文化核心理念与教育目标的契合

健雅文化的核心理念，深植于对个人全面发展的追求、品格的细致塑造及对社会责任的深刻担当。这一理念并非孤立存在，而是与现代教育的宏伟目标紧密相连，形成了一种无形的契合。现代教育，不仅仅局限于知识的传授，更致力于培养具有深厚社会责任感、不懈的创新精神以及强大实践能力的全面发展的人才。在健雅文化的熏陶下，学生被鼓励去探索自我、挖掘潜能，并在这一过程中锤炼品格，学会如何成为一个有责任感、有担当的人。这种教育理念，实际上与现代教育的核心目标——培养全面发展的人才——不谋而合。它强调的是一种均衡而全面的发展，既注重学生学术能力的提升，也关心他们道德品质的培养。当健雅文化的核心理念与现代教育的目标相结合时，能够更清晰地看到学校教育的方向。这不仅是一种单纯的知识传授过程，更是一种品格的塑造、能力的培养以及社会责任感的灌输。在这样的教育理念下，学生不仅学到了书本上的知识，更在潜移默化中学会了如何成为一个有品格、有能力的社会成员。因此，健雅文化与教育目标的契合，不仅为学校的教育方向提供了明确的指引，更为学生的全面发展奠定了坚实的基础。这种契合，使得教育不再是单一的、片面的，而是多元的、立体的，能够真正培养出符合社会需要的全面发展的人才。

（二）健雅文化在教育内容中的渗透

在教育内容的构建中，健雅文化的渗透显得尤为关键。学校作为传承文化的重要场所，应当巧妙地将健雅文化的元素融入课程设置和教材编写之中，使学生在接受知识教育的同时，能够领略到健雅文化的独特魅力。在语文课程中，除了传统的文学作品选读，教师可以引入更多的经典诵读内容。这些经典不仅限于古代诗文，还可以包括近现代的名家佳作。通过诵读这些充满韵味和哲理的文字，学生能够更深刻地理解健雅文化的内涵，感受到其中的韵味与力量。同时，结合历史故事的教学，可以让学生在了解历史变迁的过程中，体会到健雅文化在历史长河中的重要地位和影响。在科学和技术课程中，健雅文化的渗透同样重要。科学探索和技术创新不仅需要严谨的逻辑和精湛的技艺，更需要一种对未知世界的敬畏和对知识的渴求态度。这正是健雅文化所倡导的，即对待一切事物都应保持谦逊和敬畏，同时不断探索和进步。教师可以通过引导学生以健雅的态度对待科学实验和技术研发，让他们在追求科学真理的道路上，不失人文精神的滋养。

（三）健雅文化在教育方法中的实践

在教育方法的探索中，健雅文化的思想为学校教育提供了新的视角。传统的教育模式往往侧重于教师的单向传授，而学生则处于被动接受的状态。然而，健雅文化所倡导的教育理念却强调学生的主体性、实践性和创新性，这使得教育方法需要进行相应的调整和创新。学校可以积极借鉴健雅文化的思想，通过开展多样化的教学活动来实践这一理念。例如，小组讨论是一种非常有效的教学方法，它可以让学生在小组内自由交流、互相启发，从而培养他们的团队协作能力和沟通能力。角色扮演也是一种寓教于乐的教学方式，通过让学生扮演不同的角色，模拟真实场景，可以锻炼他们的应变能力和解决问题的能力。此外，社会实践也是健雅文化教育方法中的重要一环。通过参与社会实践活动，学生可以亲身体验社会，了解社会的运作机制，增强他们的社会责任感和公民意识。这种实践性的学习方法，不仅能够让学生将所学知识应用于实际，还能够培养他们的实践能力和创新精神。在实施这些教育方法的过程中，教师的态度也至关重要。教师需要以健雅的态度对待每一位学生，尊重他们的个性和差异。每个学生都是独一无二的个体，他们有着不同的兴趣、爱好和天赋。教师应该充分了解每个学生的特点，因材施教，引导他们以积极的心态面对学习和生活。

二、健雅文化在学生管理中的运用

（一）以健雅文化引导学生行为规范

在学生管理的实践中，健雅文化不仅是一种精神引领，更是一种行为指导。学生的行为规范不仅关乎个体的成长，也影响着整个校园的秩序与氛围。因此，借助健雅文化的力量来引导学生行为，成为一种富有成效的管理策略。为了让学生明确自己的行为方向，学校制定了与健雅文化相契合的学生行为准则。这些准则不仅明确了学校提倡的积极行为，如尊重师长、友爱同学、诚实守信等，也明确指出了学校反对的不良行为，如欺凌弱小、考试作弊等。通过这些准则的设立，学校期望能够为学生提供一个清晰的行为框架，指导他们在日常生活中做出正确的选择。除了制定行为准则，学校还通过榜样示范的方式来激励学生践行健雅文化。在校园内，那些品学兼优、行为得体的学生被树立为榜样，他们的故事和经历被广泛分享，以此激励其他学生向他们学习。这种正面的示范作用，不仅能够激发学生的上进心，还能够促使他们自觉地以健雅文化的标准来要求自己。此外，学校还通过表彰先进的方式来进一步强化健雅文化的引导作用。定期举行的表彰大会，对那些在学习、品德、社会实践等方面表现突出的学生进行嘉奖。这种表彰不仅是对学生个人的肯定，更是对健雅文化的有力宣传。通过这些表彰活动，学校期望能够营造出一种积极向上的校园氛围，让每一个学生都能够在这种氛围中不断成长和进步。

（二）以健雅文化营造学习氛围

健雅文化作为一种注重个人全面发展和品格塑造的文化理念，对于学校学习氛围的营造具有深远的影响。学校作为知识的殿堂，不仅应该传授给学生具体的学科知识，更应该培养他们对于学习的热情和探索的欲望。为了将健雅文化的理念融入学习氛围中，学校可以精心策划并举办各类学术讲座。这些讲座可以邀请校内外的专家学者，就热门话题或前沿科技进行讲解，从而拓宽学生的知识视野，激发他们的学习兴趣。当学生置身于这种学术氛围中，他们会自然而然地感受到知识的力量和探索的乐趣。此外，知识竞赛也是营造学习氛围的有效途径。通过组织各种形式的知识竞赛，如数学、科学、文学等领域的比赛，不仅可以检验学生的学习成果，还能让他们在竞赛中体验到成功的喜悦和失败的教训。这种竞赛机制能够激励学生更加努力地学习，追求更高的学术水平。除了学术讲座和知识竞赛，学校还应该鼓励学生之间的互助合作。在团队协作中，学生可以学会倾听他人的意见，发挥自己的专长，共同解决问题。这种团队协作精神不仅有助于提高学生的社交能力，还能让他们在学习过程中相互激励、共同进步。通过这些措施的实施，学校可以营造出一个积极向上、共同进步的学习氛围。在这种氛围中，学生会更加珍惜在校的学习时光，努力提升自己的学术水平和综合素养。

（三）以健雅文化关注学生心理健康

在快节奏、高压力的现代社会中，学生的心理健康问题日益凸显，因此在学生管理中，对学生的心理健康给予足够的关注显得尤为重要。健雅文化的核心理念，以其深厚的人文关怀和全面发展观，为学生心理健康的维护提供了新的视角和方法。健雅文化所倡导的价值观念，有助于学生形成正确的人生观。面对学业压力、人际关系、未来规划等多重挑战，学生往往容易产生焦虑、迷茫等情绪。而通过健雅文化的引导，学生可以更加理性地看待这些问题，以平和的心态去应对生活中的各种困难。学校可以通过课堂教育、讲座、研讨会等形式，深入解读健雅文化的内涵，帮助学生在潜移默化中树立正确的价值观念和人生观。为了更具体地关注学生心理健康，学校可以设立心理咨询室，配备专业的心理咨询师，为学生提供及时、有效的心理辅导服务。心理咨询室不仅是一个解决问题的场所，更是一个倾听和理解学生的空间。在这里，学生可以敞开心扉，分享自己的困惑和烦恼，得到专业的指导和建议。此外，结合健雅文化的理念，学校还可以开展丰富多彩的心理健康教育活动。这些活动可以包括心理健康知识竞赛、心理剧表演、心理拓展训练等，旨在通过寓教于乐的方式，帮助学生了解心理健康的重要性，掌握基本的心理调适方法，建立积极、健康的心态。

（四）以健雅文化促进学生自我管理

健雅文化作为一种积极向上的文化理念，其在学生自我管理方面的应用同样具有重要意义。自我管理，是指学生能够在日常生活和学习中，自觉地规划、控制和评价自己的行为，以达到既定的目标。通过融入健雅文化的元素，可以更有效地促进学生的自我管理能力的提升。为了帮助学生形成良好的自我管理习惯，学校可以引导学生制定个人学习计划和时间管理表。在这一过程中，学生需要根据自己的实际情况，合理安排学习时间和任务，确保各项学习任务能够有计划、有步骤地完成。通过这种方式，学生不仅能够提高学习效率，还能够在实践中培养自我约束和自我管理的能力。除了个人学习计划和时间管理，学校还可以鼓励学生积极参与班级和学校的管理工作。例如，担任班级干部、参与学校组织的活动策划等。在这些实践活动中，学生需要协调各方资源，处理各种突发情况，这无疑会锻炼他们的组织协调能力和解决问题的能力。同时，通过参与管理工作，学生还能够更加深入地了解健雅文化的内涵，明确自己在集体中的责任和义务，从而提升社会责任感。这些实践经历不仅能让学生更好地理解和践行健雅文化，还能使他们在未来的生活和工作中更加自信、自立和自强。通过自我管理能力的培养，学生将学会如何合理规划时间、如何高效完成任务、如何与他人协作等技能，这些都是他们未来成功所必需的重要素质。

三、健雅文化在规章制度中的渗透

（一）规章制度中融入健雅文化理念

在制定学校规章制度的过程中，融入健雅文化的核心理念显得尤为重要。规章制度不仅是学校管理的基石，更是塑造校园文化、引导学生行为的重要工具。因此，在制定这些规则时，必须深思熟虑，确保其中蕴含的价值观念与学校推崇的健雅文化相契合。健雅文化强调尊重、包容、创新和健康等价值观念。这些理念应当被明确地写入学校的规章制度中，成为师生行为的指南。尊重，意味着每个人都应被平等对待，无论是老师还是学生，都应尊重彼此的观点和个性。这种尊重也体现在对学校资源的珍惜上，如爱护公共设施，不随意破坏或浪费。包容，则是鼓励师生以开放的心态接纳不同的文化和观点。在规章制度中，可以强调禁止任何形式的歧视和排斥，倡导多元文化的交流与融合。这样的环境有助于培养学生的全球视野和跨文化交流能力。创新，是推动学校不断发展的重要动力。规章制度可以设立一些激励机制，鼓励师生在教学和学习过程中勇于尝试新方法、新思路。同时，也要为创新提供必要的支持和保障，如设立创新基金、建立创新实验室等。健康，不仅指身体健康，还包括心理健康。规章制度中应明确规定学校对师生身心健康的关注和支持措施。如设立健康检查制度，提供心理咨询服务等，确保师生能在健康的环境中成长和学习。此外，规章制度中还应明确对师生行为的期望和要求。这些要求应与健雅文化的导向相一致，旨在引导师生形成积极向上的行为习惯和道德品质。例如，可以规定学生应按时完成作业、诚实守信、尊重师长等。

（二）建立健雅文化激励机制

为了更好地推广健雅文化，并使之深入校园生活的每一个角落，学校有必要在规章制度中明确设立相应的激励机制。这种机制不仅能够有效鼓励师生积极践行健雅文化，还能够进一步提升校园文化品质，营造出一个更加和谐、积极的学习环境。例如，学校可以设立"健雅之星"等荣誉称号。这一称号的评选标准应围绕健雅文化的核心理念来制定，如在学习上表现出色，生活中积极践行尊重、包容、健康和创新等价值观念，以及在社会实践中能够体现出对健雅文化的深入理解和实践。获得"健雅之星"称号的师生，不仅能够在校园内获得广泛的认可和尊重，还能够作为健雅文化的优秀代表，激励更多师生加入践行健雅文化的行列中来。此外，学校还可以设立其他多种形式的激励机制。比如，为积极践行健雅文化的师生提供额外的学术或文化资源，如图书馆特权、参与特定学术活动的机会等。这些资源不仅能够满足师生的个人发展需求，还能够进一步促进他们对健雅文化的理解和实践。通过这些激励机制的建立，学校可以有效地激发师生践行健雅文化的积极性和创造力。当师生看到自己的行为能够得到学校的认可和奖励时，他们自然会更加积极地投入到健雅文化的实践中去。这种正向的循环不仅有助于健雅文化在校园的深入推广，还能够为学校的长远发展奠定坚实的文化基础。

（三）加强规章制度的宣传和教育

规章制度作为学校管理的重要基石，其存在意义远超一纸简单的文件。为了让全体师生能够真正理解和认同规章制度的内容，学校必须采取有力措施加强对其的宣传和教育。学校可以利用校园广播这一广泛覆盖的传播渠道，定期播放与规章制度相关的内容。通过精心制作的广播节目，向师生详细解读规章制度的每一条款，以及这些条款背后所蕴含的健雅文化理念。这种方式不仅能够让师生在校园的每个角落都能接收到规章制度的信息，还能在潜移默化中引导他们形成对健雅文化的深刻认同。同时，学校还可以在显眼的位置设置宣传栏，定期更新与规章制度相关的内容。通过图文并茂的展现形式，让师生在路过时能够轻松获取到规章制度的信息，进一步加深对规章制度的理解和记忆。此外，主题班会也是宣传和教育规章制度的重要场所。在班会上，班主任可以组织学生对规章制度进行深入的学习和讨论，引导他们从自身角度出发，思考如何更好地遵守和实践这些规则。通过这种方式，不仅能够增强学生的自律意识，还能够促进班级文化的建设，让健雅文化真正落实到每一个学生的日常行为中。

（四）定期评估与调整规章制度

随着时间的推移和学校的发展，规章制度也需要与时俱进，不断进行调整和完善，以适应新的环境和要求。为了确保规章制度能够有效地促进健雅文化的传播和实践，学校必须定期进行规章制度的评估和调整。在进行评估时，学校应全面审视现有的规章制度，检查其是否与当前的教育理念、学校文化和法律法规相符合，是否能够有效地引导师生的行为，以及是否存在需要改进或补充的地方。评估过程中，不仅要关注规章制度的文字表述，更要关注其实施效果，即规章制度是否能够真正落地，是否得到了师生的广泛认可和遵守。在评估的基础上，学校需要对规章制度进行必要的调整。调整的目的不仅是为了修正错误、填补漏洞，更是为了使规章制度更加贴近学校发展的实际需要，更加符合健雅文化的核心理念。调整过程中，应充分考虑师生的意见和建议，确保新的规章制度既能够体现学校的管理意图，又能够尊重和保护师生的合法权益。同时，学校也可以邀请师生参与到规章制度的修订过程中。这不仅可以增加规章制度的透明度和公信力，还能够提高师生的参与感和归属感。通过充分听取师生的意见和建议，学校可以更加准确地把握他们的需求和期望，从而制定出更加贴近实际、更具可操作性的规章制度。

四、健雅文化在家校合作中的推广

（一）建立健雅文化的家校沟通平台

为了深入推广健雅文化，学校必须重视与家长之间的沟通与联系，因此，建立一个有效的家校沟通平台显得尤为重要。这个平台不仅仅是信息的传递工具，更是家校共同培养孩子健康雅致品质的重要桥梁。线上平台如微信群、公众号等，具有信息传递迅速、覆盖面广的优势。学校可以通过这些平台定期发布健雅文化的相关内容，如理念解读、活动信息、学生健雅行为展示等。家长可以随时随地接收和查看这些信息，从而更加深入地了解健雅文化的内涵和价值。同时，线上平台也为家长提供了一个交流的空间，他们可以分享自己在家庭教育中践行健雅文化的经验和心得，相互学习，共同进步。线下平台如家长会、家访等，则更加注重面对面的交流与互动。在这些场合，学校可以邀请专业人士或教师为家长讲解健雅文化的核心理念和实践方法，解答家长的疑惑和困惑。同时，通过家访等活动，教师可以深入了解学生在家庭中的生活和学习环境，为推广健雅文化提供更加个性化的建议和指导。通过这些家校沟通平台，学校不仅能够向家长传达健雅文化的理念，分享学生在校的健雅行为表现，还能够及时听取家长的反馈和建议。这些反馈和建议对于学校完善健雅文化的推广策略具有重要意义，可以让学校更加精准地把握家长和学生的需求，进一步提升健雅文化的推广效果。

（二）组织健雅文化的家校共育活动

家校共育活动是促进健雅文化传播与实践的有效途径。为了深化家长和学生对健雅文化的理解与认同，学校可以精心策划并组织一系列以健雅文化为主题的家校共育活动。举办健雅文化讲座便是一个极好的选择。学校可以邀请研究健雅文化的专家或资深教育者，为家长和学生详细解读健雅文化的核心理念、历史渊源以及它在现代教育中的重要意义。通过这样的讲座，家长和学生不仅能够更深入地了解健雅文化的内涵和价值，还能激发他们对这一文化的兴趣和热爱。除了讲座，开展健雅主题的亲子活动也是非常有意义的。例如，健雅读书会可以鼓励家长和学生一起阅读有关健雅文化的书籍，并在阅读后进行心得分享和讨论。这样的活动不仅能增进亲子间的沟通与交流，还能让家长和学生在共同的阅读体验中感受到健雅文化的独特魅力。此外，健雅运动会也是一个极具创意和趣味性的活动。学校可以设计一系列体现健雅文化精神的运动项目，如优雅体操、和谐接力等，让家长和学生共同参与。在这样的活动中，他们不仅能够锻炼身体，还能在竞技与合作中深刻体会到健雅文化所倡导的尊重、包容和健康等价值观念。通过这些丰富多彩的家校共育活动，学校可以为家长和学生提供一个深入了解和实践健雅文化的平台。这些活动不仅能够增进家校之间的紧密联系，还能有效推动健雅文化在家庭教育中的渗透与传承，为学生的全面发展奠定坚实的文化基础。

（三）引导家长参与健雅文化的推广

家长在学生的成长过程中扮演着举足轻重的角色，他们的言传身教对学生产生着潜移默化的影响。正因为家长的重要性，学校在推广健雅文化时，应积极引导并鼓励家长参与其中，共同为学生营造一个充满健雅氛围的成长环境。学校可以通过多种方式来引导家长参与健雅文化的推广。其中，最为直接有效的方式之一是鼓励家长在家中践行健雅文化。家长可以通过自身的日常行为，如礼貌待人、尊重他人、注重健康等，以身作则地向孩子展示健雅文化的真谛。这种家庭教育方式的力量是巨大的，因为它能够让孩子在耳濡目染中自然而然地接受并内化健雅文化的价值观念。除了以身作则，学校还可以邀请家长分享他们在家庭中推广健雅文化的经验和做法。这些分享可以是在家长会上的口头交流，也可以通过学校公众号或其他平台进行书面分享。通过这些分享，其他家长可以借鉴和学习到更多实践健雅文化的方法和技巧，从而在自己的家庭中更好地推广健雅文化。此外，学校还可以组织一些亲子活动，让家长和学生共同参与其中，体验健雅文化的魅力。这些活动可以是以健雅文化为主题的手工制作、亲子阅读、户外探险等。通过这些活动，家长和学生可以在互动中加深对健雅文化的理解，同时增进亲子关系，形成和谐的家庭氛围。

（四）评估与反馈健雅文化在家校合作中的效果

评估与反馈是确保健雅文化在家校合作中持续且有效推广的关键环节。为了全面了解推广效果，学校应当采取多元化的评估方法，包括问卷调查、家长反馈以及对学生行为的细致观察。通过向家长和学生发放问卷调查，学校可以收集到他们对于健雅文化推广活动的看法和建议。问卷可以设计得既全面又具体，涵盖活动的各个方面，比如活动内容、组织形式、参与度及带来的变化等。这样，学校就能从量化的数据中分析出推广活动的实际效果，以及哪些方面还有待改进。家长的反馈也是评估中不可或缺的一部分。他们的观察和感受往往能提供更真实、更贴近生活的信息。学校可以定期与家长进行沟通，了解他们在家庭教育中实践健雅文化的情况，以及孩子在此过程中的变化和进步。此外，对学生行为的观察也是评估推广效果的重要手段。通过观察学生在校园和家庭中的言行举止，可以直观地看到健雅文化是否真正内化到了他们的行为中。学生的礼貌程度、合作精神、健康习惯等，都是反映健雅文化推广效果的重要指标。评估的结果不仅能够帮助学校了解当前的推广成效，更重要的是，它可以为后续的推广策略提供有力的调整依据。如果某些方面的效果不佳，学校就可以及时做出调整，使推广活动更加符合家长和学生的实际需求。

第五节　健雅文化在校园环境建设中的彰显

一、健雅文化的核心理念与校园环境建设的融合

（一）健雅文化与校园环境的交融实践

1. 校园环境对健雅文化的承载作用

校园环境作为学生日常学习、生活的重要场所，其对于健雅文化的承载作用至关重要。在这个充满活力和创造力的空间里，每一个角落、每一处景致都无声地传递着健雅文化的深刻内涵。优美的校园环境不仅仅是一种视觉上的享受，更是一种精神上的熏陶。它如同一本无言的教科书，通过一草一木、一砖一瓦的细致呈现，让学生在日常生活中自然而然地接触到健雅文化的精髓。这种潜移默化的影响，远比课堂上的理论知识更加深入人心。校园中的每一处景观，无论是绿树成荫的小道、碧波荡漾的湖泊，还是古朴典雅的建筑、寓意深远的雕塑，都可能成为传递健雅文化的媒介。这些景观不仅美化了校园环境，更在无形中塑造了学生的审美情趣和价值观念。例如，通过精心设计的校园景观，可以让学生置身于一个充满自然韵味和人文气息的环境中，从而在欣赏自然之美的同时，深刻感受到人与自然和谐共生的健雅理念。这种承载作用并非一蹴而就，而是需要长期的积累和沉淀。只有当校园环境真正融入了健雅文化的精髓，才能对学生产生持久而深远的影响。因此，应该重视校园环境的规划与建设，努力营造一个充满健雅文化氛围的校园环境，让每一位学生在其中都能感受到健雅文化的独特魅力，从而培养出健康、雅致的生活态度和价值观念。

2. 健雅文化在校园环境规划中的运用

在校园环境规划中，健雅文化的巧妙运用为整个校园注入了独特的韵味与活力。从高空俯瞰，校园的整体布局就如同一幅精心构思的画卷，既体现了现代教

125

育的理念，又融合了深厚的文化底蕴。在这幅画卷中，健雅文化的元素被巧妙地融入每一个角落。以校园绿地为例，规划者借鉴了中国古典园林的精髓，通过巧妙的植物配置和路径设计，营造出了曲径通幽、移步换景的视觉效果。每当学生漫步其中，都能感受到身心的宁静与和谐，这种设计不仅美化了校园环境，更在无形中对学生进行了美的教育。除了绿地景观，校园建筑的设计风格也是健雅文化的重要体现。设计师们运用简约而不失雅致的线条，勾勒出建筑的轮廓，既展现了现代建筑的简洁之美，又透露出一丝古典的韵味。同时，建筑的色彩搭配也与自然景观相得益彰，使整个校园环境呈现出一种和谐统一的美感。这种将健雅文化融入校园环境规划的做法，不仅提升了校园的整体格调，更有助于培养学生的审美情趣和人文素养。学生在这样的环境中学习、生活，能够自然而然地受到健雅文化的熏陶，从而培养出健康、雅致的生活态度和价值观念。

（二）健雅理念在校园建筑与环境中的体现

1. 校园建筑设计中的健雅元素

在校园建筑设计中，健雅元素的巧妙融入，为这些原本冰冷的混凝土建筑注入了生命与灵魂，使它们成为传递文化和审美的重要载体。这种设计理念不仅关注建筑的功能性和实用性，更注重其在精神层面的价值和意义。以校园图书馆为例，设计师通过采用简洁优雅的线条，成功营造出一种宁静、庄重的阅读氛围。图书馆的外观可能以简约的几何形状呈现，搭配淡雅的色调，让人一眼望去便能感受到其散发出的静谧与安详。进入图书馆内部，宽敞明亮的大厅、整齐排列的书架以及柔和的灯光设计，都为学生提供了一个理想的阅读环境，让他们能够在这里静心学习，畅游知识的海洋。而教学楼的设计同样不失健雅元素。外观可能运用了传统的建筑元素，如琉璃瓦、飞檐等，这些元素既体现了古典美，又与现代建筑风格相融合，不失现代感。琉璃瓦在阳光下闪烁着迷人的光芒，飞檐则如同展翅欲飞的凤凰，为整个建筑增添了一份灵动与韵律。这样的设计不仅让学生在学习的同时感受到传统文化的韵味，也激发了他们对美的追求和对艺术的热爱。这些健雅元素不仅仅是为了美化校园环境而存在，它们更在无形中熏陶着学生的审美情趣。学生在这样充满艺术气息的环境中学习、生活，自然而然地会受到美的感染和启迪，从而培养出更加高雅的品位和格调。

2.校园景观与健雅文化的呼应

校园景观与健雅文化的呼应，是校园环境建设中不可或缺的一环。景观不仅仅是自然的展现，更是文化的载体，通过精心设计，能够传达出深厚的文化底蕴和审美理念。在景观设计上，选择具有文化内涵的植物是至关重要的。例如，梅花象征着坚韧不拔、自强不息的精神，竹子则代表着高风亮节、清雅脱俗的品质。这些植物不仅美化了校园环境，更在潜移默化中对学生进行着品德教育。当学生看到这些植物时，会自然而然地联想到它们所代表的美好寓意，从而激发出对健雅文化的向往和追求。除了植物的选择，校园景观的设计还需要结合地形地貌，打造出独具特色的自然景观。曲径通幽的小径、静谧的荷塘，都是能够与健雅文化相呼应的设计元素。这些小径和荷塘的设计，不仅让学生在紧张的学习之余能够找到一处宁静的休憩之地，更能让他们在其中感受到自然的宁静与和谐。在这样的校园景观中，学生可以更加深刻地理解健雅文化的内涵，培养出健康雅致的生活态度。他们会逐渐学会欣赏自然之美，尊重自然、顺应自然，与自然和谐相处。同时，这种清新脱俗的校园氛围也有助于激发学生的创造力和想象力，促进他们的全面发展。

3.健雅理念在校园环境细节中的渗透

健雅理念在校园环境细节中的渗透，真正做到了无微不至，体现在了校园的每一个角落和每一处设计上。这种细致的融入，使得整个校园环境都弥漫着一种高雅而和谐的氛围。以校园的道路为例，两旁典雅的路灯不仅为夜间提供了充足的照明，保证了学生的安全，更在视觉上增添了一抹亮丽的风景线。每当夜幕降临，这些路灯亮起，柔和的光线洒在道路上，营造出一种温馨而宁静的氛围。学生在这样的环境中行走，无形中就能感受到健雅文化的独特魅力。再来看公共休息区的设置，造型别致的座椅和茶几，不仅为学生提供了一个舒适的休息环境，方便他们课间的交流与放松，更在细节上提升了校园的整体格调。这些座椅和茶几的设计，既考虑到了实用性，又注重了美观性，充分体现了健雅理念在校园环境建设中的运用。除了这些显而易见的细节之外，还有许多不易察觉的设计也体现了健雅理念。比如，校园内的指示牌、垃圾桶等设施，都经过了精心的设计和选择，既满足了功能需求，又融入了艺术美感。这些看似微不足道的细节，实际上都在潜移默化中影响着学生的审美和品味。

二、健雅元素在校园景观设计中的应用

（一）绿化植被的应用

1. 选择适宜的植物种类

在构筑健雅文化的校园环境时，植物种类的遴选实为一项深具智慧与艺术的举措，需细致考量校园独特的气候风貌与土壤肌理。此非仅关乎草木的生存繁衍，更旨在编织一幅与自然和谐共融、生态平衡的绿色诗篇。

校园，作为培育人才的沃土，其气候特征，如四季更迭的温度、湿度、雨量等，皆为选择植物的重要标尺。依据此等自然法则，精心挑选那些能够顺应天时、地利的植物，使其在校园中盎然生长，蔚然成林。乔木，作为绿化景观的脊梁，其选择尤为关键，它们以挺拔的姿态，为校园撑起一片片绿荫，成为鸟类与生灵栖息之乐园，增添无限生机与活力。灌木与花卉，则是绿境中不可或缺的点缀，它们以缤纷的姿态，丰富景观层次，为校园披上一层绚烂的彩衣。其选择与配置，需兼顾色彩搭配、花期错落，以营造四季变换、各具特色的视觉盛宴。而土壤，作为植物生命的根基，其条件的分析亦不容忽视。土壤类型的差异，直接影响植物的生长态势。因此，在选植的时候，必当深入探究土壤的特性，确保所选植物与种植地的相得益彰，共绘绿色生态的美。

健雅文化的校园绿化，乃是通过科学合理的植物配置，实现人与自然和谐共生的艺术实践。它要求我们不仅要有对自然的敬畏之心，更需具备高超的园林艺术造诣，方能打造出既具生态价值，又富文化底蕴的校园绿境。如此，方能让师生在绿意盎然、生机勃勃的校园环境中，感受到自然的恩赐，领悟到健雅文化的真谛。

2. 营造自然景观

营造自然景观的过程中，植物配置的艺术性和科学性是不可或缺的。追求的是那种山水相映、错落有致的美感，这需要通过精心设计和巧妙布局来实现。在植物的选取上，要充分考虑其形态、色彩、季相变化等因素，以确保景观的四季变换都能呈现出不同的美。同时，植物的布局也是关键，通过合理的空间分布，可以营造出一种自然、和谐的氛围。此外，还可以借助地形和水体的设计来增强自然景观的效果。地形的起伏变化可以为景观增加层次感和立体感，而水体的引入则能增添灵动和生气。山水相映的景观不仅能为学生提供优美的学习环境，还能在无形中提升他们的审美情趣和生活品质。通过这样的设计，期望学生在忙碌的学习之余，也能在校园中找到一片宁静与美好。

（二）运动设施的设计

1. 人性化设计

运动设施的人性化设计至关重要，这主要体现在对人体工程学原理的深入应用上。人体工程学，作为一门研究人与机器、环境之间相互作用的科学，为运动设施的设计提供了有力的指导。在设施设计中，必须充分考虑学生的身体特征、运动习惯以及使用时的舒适度。例如，在设计运动器械时，手柄、座椅和踏板等部分的大小、形状和材质都应根据学生的手部、臀部和脚部的尺寸及力学特性来确定。这样可以确保学生在使用时能够轻松握持、稳定坐姿和舒适踩踏，减少因设施设计不当而导致的肌肉疲劳和运动损伤。此外，安全性也是人性化设计的重要考量。运动设施的边缘应做圆润处理，避免尖锐边角对学生造成伤害。同时，设施的稳固性和承重能力也要经过严格计算和测试，以确保学生在高速运动或激烈对抗中的安全。

2. 功能性设计

功能性设计是运动设施设计的另一大核心。不同的学校有不同的运动需求和场地条件，设计运动设施时必须充分考虑这些因素。例如，对于拥有大片空地的学校，可以设计足球场、篮球场等大型运动场地，以满足学生团体运动和竞技比赛的需要。而对于场地有限的学校，则可以考虑设计多功能运动场或羽毛球场等占地较小的设施。这些设施可以灵活转换使用方式，既可用于日常体育教学，又可用于学生课余时间的休闲运动。同时，功能性设计还要考虑到学生的年龄特点和运动习惯。比如，针对小学生的运动设施可以设计得更具趣味性和互动性，以激发他们的运动兴趣；而针对中学生的设施则可以更注重竞技性和力量训练，以满足他们日益增长的运动需求。通过这样的功能性设计，可以确保学校的运动设施能够全面、有效地服务于广大学生的健康成长。

（三）休憩空间的设计

1. 营造舒适环境

休憩空间在校园设计中占据着举足轻重的地位，它不仅是一个供师生休息放松的场所，更是校园文化与生活品质的重要体现。为了营造出一个真正舒适的休憩环境，必须精心选择其位置。理想的休憩空间应远离嘈杂的教学区和运动场所，以避开噪声干扰，确保师生能在此享受到片刻的宁静。除了远离噪音，休憩空间的通风情况也至关重要。良好的通风不仅可以保持空气新鲜，还能有效调节空间内的温度和湿度，为师生创造一个宜人的休息环境。同时，为了进一步提升休憩空间的舒适度，还应配备舒适的座椅。这些座椅的设计应考虑到人体工程学，提供足够的支撑和舒适度，让师生在休息时能得到充分的放松。此外，遮阳设施也是休憩空间中不可或缺的一部分。在阳光明媚的日子里，遮阳设施可以有效地阻挡紫外线的直射，保护师生的皮肤免受伤害，同时为他们提供一个阴凉的休息区域。

2. 融入文化内涵

休憩空间不仅仅是供人休息的场所，更是校园文化传播和熏陶的重要平台。在这个空间里，通过设置文化雕塑、壁画等艺术品，可以有效地提升学生的审美情趣和文化素养。文化雕塑是休憩空间中极具艺术价值的装饰品，它们以生动的形象和深刻的寓意，展示着学校的精神风貌和文化底蕴。学生在欣赏这些雕塑时，不仅能感受到艺术的魅力，还能在潜移默化中接收文化的熏陶。除了文化雕塑，壁画也是休憩空间中不可或缺的文化元素。壁画以其独特的艺术形式和丰富的内容，为学生提供了一个了解历史、感受文化的窗口。通过观赏壁画，学生可以更加直观地了解学校的发展历程和办学理念，从而增强对学校的认同感和归属感。这些艺术品的设置不仅美化了休憩空间的环境，更重要的是，它们为学生提供了一个接触艺术、了解文化的机会。

三、健雅活动在校园环境中的开展与推广

（一）健雅活动的意义与目标

健雅活动，顾名思义，是健康与雅致相融合的一种活动形式。其核心理念在于通过丰富多样的活动，促进学生的身心健康发展，并在此过程中提升学生的审美情趣和文化素养。这种活动形式不仅关注对学生身体健康的培养，更注重对学生精神世界的熏陶和升华。在当今社会，随着生活节奏的加快，学生的身心健康问题日益受到关注。健雅活动正是针对这一问题而提出的解决方案之一。通过参与各种体育运动、艺术创作、文化交流等活动，学生可以在紧张的学习之余，放松身心，增强体质，同时也能在潜移默化中培养对美的感知和对文化的理解。健雅活动的另一个重要目标是培养学生的审美情趣和文化素养。在活动中，学生有机会接触到音乐、舞蹈、绘画等各种艺术形式，从而激发他们的艺术兴趣，提高他们的艺术鉴赏能力。同时，通过参与文化交流活动，学生还可以更深入地了解不同国家和地区的文化传统，拓宽视野，增强跨文化交流的能力。

（二）活动规划与设计

1. 活动内容选择

在选择健雅活动的内容时，学校必须深思熟虑，细致筛选，确保最终选定的活动内容能够与学校的教育理念和文化特色相契合，同时也能引起学生的广泛兴趣和积极参与。健雅活动的核心是促进学生的全面发展，因此，活动内容的选择显得尤为关键。对于体育运动方面，可以结合学校的体育传统和优势项目来进行。比如，如果学校在篮球或足球方面有着深厚的底蕴和出色的成绩，那么就可以围

绕这些项目来组织活动。通过举办校内外的友谊赛、邀请赛或锦标赛，不仅可以让学生在激烈的比赛中体验运动的激情和乐趣，还能培养他们的团队合作精神和竞争意识。这样的活动，不仅能够锻炼学生的体魄，还能培养他们的意志品质和团队协作能力。在艺术创作领域，学校可以设立多种形式的比赛和展览，如绘画、摄影等，以此鼓励学生发挥创造力和想象力。艺术创作是学生个性表达和情感抒发的重要途径，通过这样的活动，可以让学生更好地认识自我、表达自我。同时，艺术作品的展示也能让其他学生欣赏到同伴的才华，从而激发他们的艺术兴趣和创作热情。此外，文化讲座也是健雅活动中不可或缺的一部分。学校可以定期邀请校内外专家学者，就某一文化主题进行深入浅出的讲解和探讨。这样的讲座不仅能够让学生了解到更多的文化知识，拓宽他们的文化视野，还能培养他们的人文素养和批判性思维。

2.活动形式创新

在推动健雅活动时，为了让活动更加贴合学生的喜好并激发他们的参与热情，对活动形式的持续创新显得尤为重要。传统的活动形式虽然经典，但久而久之可能会让学生感到单调乏味。因此，探索新颖、有趣且富有教育意义的活动形式成为组织者的重要任务。以趣味运动会为例，它不是一场简单的体育竞赛。通过将传统的体育项目与趣味游戏巧妙地融合在一起，保留了体育竞技的紧张刺激，又增添了游戏的趣味性。学生在参与这样的活动时，不仅能够在轻松愉快的氛围中锻炼身体，提高体能，还能在比赛中感受到团队合作的乐趣，从而培养协作精神。在艺术展览方面，静态的展示虽然能够让学生欣赏到精美的艺术作品，但互动性不足可能限制了学生的参与感。因此，通过加入现场创作、观众投票等互动环节，可以极大地提高学生的参与度。学生不仅能够近距离地感受艺术的魅力，还能亲手参与到艺术创作中去，这无疑会大大增强他们对艺术的理解和热爱。此外，文化沙龙作为一种独特的活动形式，也为学生提供了一个深入了解不同文化的平台。通过模拟联合国、辩论会等角色扮演的方式，学生可以在模拟的情境中亲身体验不同文化的碰撞与交流。这样的活动形式不仅能够增强学生的跨文化交流能力，还能培养他们的国际视野和多元文化素养。

（三）活动组织与实施

1. 组织架构建立

成立专门的活动组织委员会，这无疑是确保活动能够成功举行的关键一环。这一委员会并非随意组建，而是经过深思熟虑，由学校的行政人员、教师及学生代表共同组成。这样的组合不仅涵盖了学校的管理层、教育者和受教者，还确保了活动策划、组织和执行的全面性和多元性。活动组织委员会的职责远不止简单的组织和协调。他们将从活动的目标设定开始，深入到每一个细节的策划和安排。这意味着，从活动的初衷、宗旨，到具体的流程、节目安排、参与人员等，都需要经过委员会的精心规划和周密部署。这样做的好处是显而易见的，它不仅能确保活动的专业水准和高效执行，还能使活动更加贴近目标受众，提高活动的针对性和实际效果。为了确保活动的每一个环节都能得到完美的呈现，委员会成员之间的职责划分显得尤为重要。明确的分工可以避免工作中的重叠和冲突，确保每个成员都能在自己的领域内发挥最大的作用。而有效的沟通协作则是活动成功的另一大关键。只有当每个成员都明确自己的任务，又能与其他成员无缝对接，才能确保活动的每一个环节都紧密衔接，不出现任何纰漏。正是因为有了这样一个专业、高效、协作的活动组织委员会，全校师生才得以欣赏到一场又一场精彩纷呈的健雅活动。

2. 资源整合与调配

资源整合与调配对于任何一项大型活动的顺利进行都显得至关重要，它如同活动的生命线，确保所有环节能够有序、高效地进行。对于学校而言，举办健雅活动前的一项核心工作就是全面盘点校内外可供利用的资源。其中包括了场地资源，如学校的体育场馆、艺术中心等，这些都是举办各类文体活动不可或缺的硬件设施。学校应对这些场地的使用状况、容纳人数以及设备配置有清晰的了解，以便为活动选择最合适的场所。除了场地，还有各种设施资源，如音响、灯光、道具等，这些都需要提前进行详细的清点和准备。当然，资金是活动能够得以实施的基础。学校需要为活动制定详尽的预算计划，明确每一项费用的来源与去处，确保资金的合理使用和透明管理。为了弥补资金缺口或增加活动的影响力，学校还可以积极向外寻求赞助与合作，比如与当地企业建立合作关系，争取他们的资金支持或物资捐赠；或者与社区联手，共同打造更具社会影响力的活动。资源整合不仅仅是对现有资源的梳理与利用，更是一个不断创新和拓展的过程。通过合理的资源调配，学校不仅能够保障健雅活动的顺利进行，还能够在活动中注入更多的创意和元素，从而提升活动的吸引力和影响力。

3. 宣传推广策略

在举办健雅活动时，一个有效的宣传推广策略能够显著提升活动的知名度和参与度，其重要性不言而喻。为了达到这一目的，学校应当采取多元化的宣传手段，确保信息能够全面、迅速地传达给校内的每一位师生。校园广播作为一种传统的宣传方式，依然具有不可忽视的影响力。在课间休息或用餐时段，通过广播播放活动的相关信息，如时间、地点、内容等，能够迅速抓住师生的注意力，引起他们的兴趣。此外，精心设计的海报也是吸引眼球的好方法。海报应该采用鲜艳的色彩、简洁明了的文字和吸引人的图案，确保其在众多的信息中脱颖而出。将这些海报张贴在学校的公共区域，如教学楼、食堂、图书馆等显眼位置，能够进一步提高活动的曝光率。随着科技的发展，网络平台也成了宣传推广的重要阵地。学校可以利用官方网站或社交媒体账号，定期发布活动的预告、亮点和精彩瞬间。这种方式不仅能够实时更新活动信息，还能够通过互动和分享功能，迅速扩大活动的影响力。例如，可以鼓励学生将活动信息转发至自己的社交媒体，通过口碑传播，吸引更多的人关注和参与。

四、健雅文化对校园环境建设的积极影响

（一）美化校园环境

1. 增强校园美观度

健雅文化的深入推广，已经在潜移默化中影响了学校举办各类活动的方式和态度。在这种文化的熏陶下，学校在进行活动时不再仅仅关注活动的内容，而是

开始更加注重活动环境的布置与美化，力求为参与者创造一个既美观又舒适的空间。以艺术展览为例，如今的展览不再只是简单地展示艺术品，而是追求每一个细节的完美。从展品的挑选到展厅的布置，都体现出了极高的审美标准和匠心独运的设计理念。精美的展品在灯光的映衬下熠熠生辉，仿佛在诉说着艺术家的心声和情感。而独特的布展方式更是让人眼前一亮，不仅凸显了艺术品的价值，还为整个展览增添了不少亮点。这种对美的追求并不仅限于艺术展览。在健雅文化的影响下，学校的每一个角落都开始焕发出新的生机。无论是教学楼的走廊，还是图书馆的阅览室，甚至是操场的看台，都能见到精心设计的装饰和布局。这些美观的环境不仅提升了师生的审美情趣，还为他们创造了一个更加愉悦的学习和工作环境。

2. 提升校园绿化水平

为了营造更加和谐的健雅文化氛围，必须深刻认识到环境美化的重要性，特别是校园绿化在提升整体环境质量中的关键作用。因此，学校要加大对校园绿化的投入，以打造一个绿意盎然、生态和谐的校园环境。这一举措并非仅仅是为了美观，更是出于对师生身心健康的深切关怀。绿色植物不仅能够净化空气，还能有效降低噪音和调节气温，为师生创造一个更加宜人的学习和生活环境。精心挑选多种花草树木进行种植，既有常绿树种，也有季节性开花的植物，确保校园四季皆有景可赏。在绿化布局上，力求不同区域的植物配置各有特色，既有开阔的草坪供学生休闲放松，又有茂密的树林为校园增添一份静谧与神秘。此外，在图书馆、教学楼等周边种植能够舒缓压力的植物，以帮助师生在学习和工作间隙放松身心。除了增加绿化面积和丰富植物种类，还需注重绿化的维护和管理。专业的园艺团队定期修剪、浇水、施肥，确保每一片绿地都能茁壮成长。同时，鼓励学生参与绿化活动，如植树节种树、花卉养护等，让学生在实践中培养环保意识，更加珍惜身边的绿色环境。

（二）丰富校园文化生活

1. 增加文化活动多样性

健雅文化的引入，为学校注入了新的活力和创意，显著地增加了文化活动的多样性。在这种文化的推动下，学校得以举办更多种类的文化活动，从高雅的艺术节到激昂的运动会，再到深邃的文化沙龙，每一项活动都各具特色，吸引了众多师生的热情参与。艺术节上，学生通过舞蹈、歌唱、戏剧等形式，充分展示自己的才艺和创造力。他们在舞台上挥洒汗水，尽情地释放青春活力，也让观众领略到了艺术的魅力。运动会则是力量的较量与智慧的比拼，学生在赛场上奋力拼搏，追求更高、更快、更强，不仅锻炼了身体，也磨砺了意志。而文化沙龙则为学生提供了一个交流思想、分享知识的平台，他们在这里畅谈文化、历史、哲学等各个领域的话题，拓宽了视野，也增进了彼此的了解。这些丰富多样的文化活动，不仅极大地丰富了师生的课余生活，更为他们提供了展示自我的宝贵机会。学生在这些活动中找到了自己的兴趣和方向，也锻炼了组织、协调和沟通能力。同时，这些活动还促进了校园文化的繁荣和发展，提升了学校的整体文化氛围。

2. 提升校园文化品位

健雅文化的核心理念是追求健康与雅致，高质量的文化活动在内容上追求深度与广度，从而有效地提升了整个校园的文化品位。在这样的文化氛围下，学校举办的每一项活动都成为一次文化的盛宴。无论是艺术展览、音乐会，还是文化讲座和戏剧表演，都展现出了高水准的艺术品位和文化内涵。师生在这些活动中，不仅能够欣赏到高水平的艺术表演，还能亲身参与其中，感受到文化的魅力和力量。高质量的文化活动吸引了越来越多的校内外人士前来参与和观赏，这也进一步扩大了学校的影响力。通过这些活动，学校的文化氛围日渐浓厚，成为培养高素质人才的摇篮。学生在这样的环境中耳濡目染，不仅提升了自身的文化素养，还培养了批判性思维和创新精神。此外，健雅文化的推广还促进了学校与社会的交流。学校经常邀请知名艺术家、学者来校进行交流与演讲，为学生带来了最前沿的文化资讯和学术动态。这种开放与包容的态度，使得学校的文化氛围更加多元化和国际化。

（三）促进校园和谐氛围

1. 增强师生交流互动

健雅文化的独特之处在于它鼓励师生共同参与各种活动，从而创造了一个独特且富有活力的交流平台。在这一文化的推动下，教师和学生之间的关系不再仅仅是传统的教与学，他们以平等的身份共同参与到校园生活的各个方面。这种共同参与活动的模式，无疑极大地增进了师生之间的交流与互动。在活动中，教师有机会走出严肃的课堂，以更加亲和、平等的姿态与学生相处。他们可以和学生一起策划活动、讨论方案，甚至一起动手实践，这种紧密的合作不仅让教师更加了解学生，也让学生有机会近距离地感受教师的专业素养和人格魅力。而学生之间，也通过这些活动加深了彼此的了解与友谊。他们在一起筹备活动、排练节目、分享心得，这种共同的经历让他们更加亲近，也培养了他们的团队协作精神和集体荣誉感。更为重要的是，这种交流与互动是全方位的，它不仅仅局限于活动本身，更延伸到了日常的学习与生活中。师生在活动中建立起的信任和友谊，让他们在日常交往中更加自然和真诚，这种良好的人际关系反过来又进一步促进了校园文化的和谐发展。

2. 培养学生团队协作精神

在健雅文化的引领下，学生经常需要参与各种团队合作的活动。这些活动，如集体舞蹈、戏剧表演、运动竞赛等，都要求学生与学生之间进行紧密的团队合作，以实现共同的目标。在这样的活动过程中，学生不仅学会了如何与他人有效沟通，还深刻体会到了团队协作的重要性。他们明白，一个人的力量是有限的，但一个团队的力量却是无穷的。为了团队的共同目标，每个人都需要发挥自己的长处，同时也要接纳和包容队友的不同意见和想法。通过团队合作，学生的社交能力也得到了显著提高。他们学会了如何在团队中扮演自己的角色，如何与他人协调合作，以及如何处理团队内部的矛盾和冲突。这些技能不仅对他们在校园内的学习生活有着重要意义，更将为他们的未来奠定坚实的基础。此外，团队协作精神的培养还让学生更加珍惜彼此之间的友谊和信任。他们意识到，一个成功的团队需要每个成员的共同努力和付出。在这个过程中，学生不仅收获了知识和技能，更收获了珍贵的友情和成长的喜悦。

五、校园环境建设中健雅文化的创新与发展

（一）健雅文化理念的创新

1. 校园环境建设中的创新

健雅文化在校园环境建设中的创新，深刻体现在对现代审美与传统文化的有机融合上。在校园规划和设计的每一个环节，都需要精心考量如何将现代审美理念与深厚的传统文化底蕴相结合，以打造出一个既富有时代气息又不失文化底蕴的校园环境。现代审美强调的是简约、流线型的设计以及实用性，这在校园的建筑风格、景观布局等方面都得到了充分的体现。例如，现代化的教学楼采用了简洁的线条和明快的色彩，不仅彰显了建筑的时尚感，还为学生营造了一个宽敞、明亮、舒适的学习环境。同时，校园内的道路规划也充分考虑了人流、车流的通行效率，体现了现代城市规划的理念。然而，在追求现代审美的同时，校园环境的建设并未忽视对传统文化的传承与弘扬。在校园的某些角落，可以看到古色古香的亭台楼阁，它们以独特的建筑风格诉说着历史的沧桑和文化的厚重。这些传统建筑元素不仅为校园增添了一抹古朴的韵味，还让学生在日常的学习生活中能够感受到传统文化的熏陶。校园内的景观设计也巧妙地将现代审美与传统文化相结合。比如，在草坪上摆放着充满现代感的雕塑作品，而在其旁边则是一片仿古的竹林或水池，二者相映成趣，既展现了现代艺术的魅力，又彰显了传统文化的雅致。

2. 强调人文关怀与生态意识

新时代的健雅文化，在校园环境建设中，不仅追求美观与实用，更强调人文关怀与生态意识的深度融合。这种理念体现在对学生身心健康的细致关怀，以及

对自然环境的尊重和保护上。在校园建设中，人文关怀的彰显是显而易见的。学校精心设计的学习空间，不仅宽敞明亮，还符合人体工程学原理，确保学生在舒适的环境中高效学习。图书馆的阅读区配备了柔和的灯光和舒适的座椅，让学生在阅读时能够放松身心，享受遨游于知识的海洋中的乐趣。同时，校园内还设置了各种休闲设施，如宽敞的草坪、幽静的庭院和充满艺术气息的小径，供学生在课余时间放松心情，舒缓学习带来的压力。与此同时，生态意识也在校园建设中得到了充分体现。在选择建筑材料时，学校优先考虑环保、可再生的材料，以减少对自然资源的消耗和对环境的污染。校园内的绿化区域广泛种植本地植物，这既美化了环境，又有利于维护生态平衡。此外，学校还开展一系列环保教育活动，引导学生珍惜自然资源，培养他们的环保意识。校园内的雨水收集系统和节能设施也是生态意识的具体体现。这些系统能够有效地收集和利用雨水资源，从而减少水资源的浪费。同时，节能设施如太阳能灯具和节能空调等，也在降低能耗的同时，为学生提供了更加舒适的学习环境。

（二）健雅文化在校园环境中的实践发展

1. 打造健雅文化特色空间

打造健雅文化特色空间是校园环境建设中的一项重要举措。在校园内，通过精心设计和布局，创建出如艺术走廊、文化角、书香阅读区等富有健雅文化气息的特色空间，这些空间不仅美观大方，更承载着深厚的文化内涵。艺术走廊是一个充满艺术气息的空间，它是一条长长的走廊，两侧挂满了师生的艺术作品，包括绘画、摄影、书法等。每一幅作品都蕴含着作者的心血和创意，通过艺术走廊的展示，不仅让更多人能够欣赏到这些艺术作品，还能激发师生的创作热情和艺术灵感。文化角则是一个集中展示校园文化精髓的地方。在这里，可以看到学校的历史沿革、校训校徽的解读，以及学校在各个领域的杰出成就。文化角不仅让师生更加了解自己的学校，增强其归属感，还能作为对外展示学校文化的窗口，提升学校的知名度和影响力。书香阅读区则是为师生提供一个安静、舒适的阅读环境。这个区域通常配备有丰富的书籍和舒适的座椅，方便师生在课余时间沉浸在书海中，享受阅读的乐趣。书香阅读区不仅有助于培养师生的阅读习惯，还能促进校园内学术氛围的形成。这些健雅文化特色空间不仅为师生提供了学习、交流和休闲的场所，更成为校园内一道道亮丽的风景线。它们以独特的方式诠释着健雅文化的内涵，让师生在潜移默化中受到文化的熏陶，提升个人素养和审美情趣。

2. 举办健雅文化主题活动

举办健雅文化主题活动是深化校园文化内涵、丰富校园生活的重要方式。通过定期或不定期地组织以健雅文化为核心的活动，如书画展、古典音乐会、诗词朗诵会等，学校为师生提供了一个直观感受和理解健雅文化的平台。在书画展中，师生可以欣赏到众多精美的书画作品，这些作品不仅展示了作者们高超的技艺，更体现了健雅文化的深邃内涵。通过观赏这些作品，师生能够更加深入地领略到传统文化的韵味和美感，从而加深对健雅文化的认识和喜爱。古典音乐会则是另一种让人沉醉于健雅文化的方式。在优雅的音乐声中，师生可以感受到古典音乐的魅力，以及其中蕴含的深厚文化底蕴。这样的活动不仅能够提升师生的音乐素养，还能让他们在音乐的熏陶中更好地理解健雅文化的精神内核。此外，诗词朗诵会也是一项极具特色的健雅文化活动。在朗诵会上，师生可以选取自己喜爱的诗词进行朗诵，通过语言的韵律和美感来传达诗词的意境和情感。这样的活动不仅能够锻炼师生的语言表达能力和艺术表现力，还能让他们更加深入地体会到古典诗词的韵味和美感。

（三）健雅文化与科技结合的未来展望

1. 智能化校园建设中的健雅元素

智能化校园建设是未来教育发展的重要方向，而在这一进程中融入健雅文化元素，将为校园环境增添独特的魅力。随着科技的日新月异，物联网、大数据、云计算等智能化技术正逐渐渗透到校园的每一个角落，改变着师生的教学方式和生活模式。在这一变革中，健雅文化的融入不仅是对传统文化的传承，也是对智能化校园人文关怀的一种体现。通过智能系统来管理和展示校园内的艺术作品，是健雅文化与智能化校园结合的一个亮点。想象一下，当师生漫步在校园中，智能感应系统能够根据他们的位置和兴趣，推送附近的艺术作品信息，甚至提供语音导览，让人们更加便捷地了解和欣赏这些艺术作品。这不仅提升了校园的文化氛围，也让艺术作品更加贴近师生的日常生活。此外，利用虚拟现实（VR）技术为师生提供沉浸式的文化体验，是另一种创新的结合方式。通过 VR 技术，师生可以身临其境地感受传统文化的魅力，如参观虚拟的古代书院、体验传统的书画艺术等。这种沉浸式的体验方式，不仅能够激发师生对传统文化的兴趣，还能够加深他们对健雅文化内涵的理解。智能化校园建设中的健雅元素，不仅限于艺术作品的展示和虚拟文化体验。在智能化图书馆中，可以通过智能推荐系统为师生推荐与健雅文化相关的书籍和资料；在智能教室中，可以利用多媒体技术展示健雅文化的相关视频和图片，丰富教学内容。这些智能化的应用，都将使健雅文化在智能化校园中得到更好的传承和发展。

2. 利用科技手段推广健雅文化

借助互联网、移动应用等先进的科技手段，健雅文化的推广和传播可以更加广泛和深入。这些技术为文化的传承和发展提供了前所未有的便利，打破了时间和空间的限制，使得健雅文化能够触及更多的人群。以开发校园健雅文化 App 为例，这不仅是一个科技创新的举措，更是对健雅文化现代化传播的有益尝试。通过这个平台，用户可以随时随地浏览在线艺术展览，欣赏到众多精美的艺术作品，深入了解健雅文化的丰富内涵。同时，App 还提供文化交流的功能，让用户之间能够分享对健雅文化的理解和感悟，形成一个互动、共享的文化社区。此外，这些科技手段的强大功能还体现在用户数据的收集与分析上。通过 App 等平台的用户行为数据，可以深入了解用户对健雅文化的需求和偏好，从而更精准地满足他们的个性化需求。比如，根据用户的浏览历史和搜索记录，推荐相关的艺术作品和文化活动，以提升用户体验。用户反馈和数据可以为校园环境的进一步优化提供有力支持。通过分析用户对校园健雅文化设施的使用情况，可以有针对性地改善设施布局、提升服务质量，使得校园环境更加贴近用户的需求和期望。

第四章 健雅文化引领学校发展的案例分析

第一节 典型学校案例介绍

一、案例学校的选择与背景

近年来，山东省泰安市东平县实验小学提出并努力践行"崇健尚雅"的办学理念，在具体实践中，学校不断探索，不断解读健雅理念，打造自己的特色健雅文化，初步形成了自身的特色品牌，并得到各级领导和社会各界的广泛赞誉。人民教师网、《山东青年报》、山东体卫艺教育、鲁网、《泰山晚报》、《今日东平报》等多家媒体先后对学校推进的健雅教育进行专题报道。

（一）聚焦核心素养，打造"健雅课堂"

学校全面推进健雅文化，今年在"健身、健心、健习、雅言、雅行、雅趣"健雅文化内涵的解读上，将健雅教育理念推向教学，实现了高效课堂和健雅文化的有机融合。各教研组以"聚焦核心素养，打造健雅课堂"为主题的覆盖全学科的公开课准备充分、亮点多多，通过打磨精品健雅课堂、开发精品课程，从多个角度多个层面对健雅课堂进行解读、完善、升华，让教师开阔视野、智慧共享，有效促进了健雅课堂的打造，如图 4-1 所示。同时在此基础上引领老师们进行健雅校本课题研究，做到"人人有课题，个个搞教研"，教师边研究边实践，使课题研究更好地为全面推进健雅教育服务。

图4-1　健雅课堂

（二）追求全面发展，建设"健雅社团"

学校在强化课堂教学质量的同时，努力构建开放的教育体系，先后成立了读书沙龙、书法、舞蹈、健美操、口风琴、葫芦丝、鼓号、小实验家、小记者站、文学诗社等50多个"健雅社团"，做到了"人人有项目，个个有特长"。同时，定期开展读书节、艺术节、体育节、科技节等活动为学生提供锻炼的平台，如图4-2所示，从而培养了一批素质全面、特长突出的优秀学生。例如，刘小雨同学用文言文写的文章颇具文采；张云菲同学在泰安市中小学生创客大赛中，获得全县唯一一个竞赛类一等奖；井浩宇和刘梓萌两名同学荣获泰安市"新时代好少年"称号；巩佳宜同学获山东省"美德少年"称号等。

图4-2　健雅社团

（三）致力业务提升，用好"健雅论坛"

学校开展崇健尚雅之"先锋论坛"、崇健尚雅之"青年教师成长论坛"、崇健尚雅之"班主任管理论坛"。利用每周例会前的 5 分钟，开设崇健尚雅之"先锋论坛"，让老师们畅谈教学心得、分享教育故事、诵读经典美文，每位老师都开阔了视野，收获颇多（见图 4-3）。每月组织一次崇健尚雅之"青年教师成长论坛"，围绕教学中的重点问题研究探讨，实现了调动广大教师钻研教材、研究教学、提高教学能力的目的。同时，每月还组织一次崇健尚雅之"班主任管理论坛"，所有班主任共享管理经验、心得，解决教学问题，有效促进学校班级管理水平的提升。多个论坛的开展有效促进了教师综合能力的提升：在学校举行的元旦联欢会中，百余位教师参演的十多个精彩节目汇成一场盛大的艺术盛宴，《泰山晚报》对本次演出给予了整版报道，学校微信公众号关于本次晚会的报道浏览量达到几千人次；在学校组织的健雅教师才艺大赛中，各位教师纷纷展示绝活，各显神通，充分体现了该校教师朝气蓬勃，奋发向上的风采。一分思索、一分耕耘、一分收获。学校坚守"崇健尚雅"的核心办学理念，强基向上，向善而行，努力打造健雅教育，把学生培养成有责任意识、有学习能力、有创新精神的健雅学子，全力创建"学生向往，教师幸福，学术认可，社会满意"的家门口好学校。学校先后荣获全国青少年创新教育实验学校等 5 项国家级荣誉称号，以及山东省文明校园、山东省规范化学校等 16 项省级荣誉称号。同时，学校还培养省级特级教师、优秀教师 11 人，市县优秀教师 100 人，市县教学能手 78 人，以及市学科带头人、泰山名师、泰山教坛英才、泰山教学新星等 88 人。

图4-3 健雅论坛

二、案例学校健雅文化建设的历程与现状

（一）东平县实验小学健雅文化的起源与理念

近年来，东平县实验小学以其前瞻性的教育视野和坚定的改革决心，在教育界中独树一帜，率先提出了"崇健尚雅"的办学理念。这一理念的诞生，不仅体现了学校对教育的深刻理解和追求，更是对学生未来成长的殷切期许。"崇健尚雅"的办学理念，如同明灯般指引着学校的发展方向。它强调的"崇健"，不仅是对学生身体健康的关注和重视，更是对他们强健体魄和坚韧精神的培养。健康的身体是学习的基石，只有拥有了强健的体魄，学生才能在学习和成长的道路上走得更远、更稳。而"尚雅"则是对学生精神世界的追求和提升。学校注重培养学生的优雅气质和良好品德，让他们在文化的熏陶下，形成高尚的情操和审美情趣。学校认为，优雅的气质和深厚的文化底蕴，是学生未来走向社会、融入世界的重要素质。这一理念的提出，是东平县实验小学对教育本质的深刻认识和把握。学校坚信，只有坚持"崇健尚雅"的办学理念，才能培养出既有健康体魄又有优雅气质的优秀人才，为学生的全面发展奠定坚实基础。同时，这一理念也将激励学校全体师生不断追求卓越、超越自我，为教育事业的发展贡献自己的力量。

（二）健雅文化的探索与实践

1.理念解读

东平县实验小学对于"崇健尚雅"这一办学理念的解读，是全校师生共同参与的深度思考过程。学校特别组织了教师团队，对这四个字进行了细致而深入的剖析，以揭示其内在价值和外延影响。"崇健"二字，蕴含了对健康的尊重与崇尚。这不仅是针对学生身体的健康成长，更涵盖了心灵的健康和积极的人生态度。在解读过程中，教师深入探讨了如何通过课程设置、体育活动和心理健康教育等途径，全面促进学生的身心健康。而"尚雅"二字，则体现了对优雅的追求和向往。这种优雅不仅指外在的仪态举止，更在于内在的品格修养和文化底蕴。教师团队在解读时，强调了通过文化教育、艺术熏陶和品德教育等方式，培养学生的审美

情趣、道德观念和人文素养。在明确"崇健尚雅"理念的内涵后，教师团队还进一步探讨了其外延影响。他们认识到，这一理念不仅适用于学校教育，更是对全社会的一种积极倡导。它呼吁人们在日常生活中，关注身心健康、追求精神高雅，营造一个健康、文明、和谐的社会环境。通过深入的解读，东平县实验小学的教师对"崇健尚雅"的办学理念有了更为清晰和深刻的认识。他们纷纷表示，将把这一理念融入日常教学和管理工作中，为学生的全面发展贡献自己的力量。

2. 课程融合

在东平县实验小学，健雅文化的融合已经深入到了日常教学的每一个角落。学校巧妙地将健雅文化理念与体育、艺术、文学等多学科进行交叉融合，让学生在课程学习中自然而然地感受到健雅文化的魅力。在体育课程中，学校不仅注重学生的体能训练，更强调体育精神的培养。通过组织各类体育比赛和活动，让学生在运动中感受健康的力量，学会团队合作，并培养坚韧不拔的精神。同时，学校还结合地方特色，引入传统体育项目，让学生在体验中领略传统文化的韵味。艺术课程则是学校展示健雅文化魅力的另一重要窗口。学校开设了丰富多彩的艺术课程，如绘画、音乐、舞蹈等，让学生在艺术的熏陶中提升审美情趣和人文素养。此外，学校还鼓励学生参与各类艺术表演和展览，让他们在展示中感受艺术的魅力并自我价值的实现。文学课程是传承和弘扬健雅文化的重要载体，学校也给予充分的重视。通过引导学生阅读经典文学作品，让学生在文字中感受优雅的气质和深厚的文化底蕴。同时，学校还鼓励学生进行文学创作，让他们在表达中展现自己的才华和个性。这种多学科交叉融合的教学方式，不仅让学生在课程学习中感受到了健雅文化的魅力，更让他们在潜移默化中接了健雅文化的熏陶。东平县实验小学通过这种方式，成功地将健雅文化融入了日常教学中，为学生的全面发展奠定了坚实的基础。

3. 活动拓展

在东平县实验小学，健雅文化活动的拓展已成为校园文化的重要组成部分。学校精心策划并开展了体育节、艺术节、读书节等一系列丰富多彩的活动，旨在让学生在亲身参与中体验健康与优雅的魅力，从而全面提升他们的综合素养。体育节是学生展示健康体魄和运动精神的舞台。学校每年举办的体育节不仅设有田径、篮球、足球等传统体育项目，还融入了趣味运动和挑战性项目，让学生在轻松愉快的氛围中感受运动的快乐。同时，体育节还注重培养学生的团队协作和竞技精神，让他们在比赛中学会合作与竞争。艺术节则是学校展现学生艺术才华和审美情趣的盛会。在艺术节上，学生可以欣赏到绘画、书法、摄影、音乐、舞蹈等各种形式的艺术作品。此外，学校还鼓励学生参与艺术作品的创作和展示，让他们在创作过程中感受艺术的魅力，并实现自我价值的提升。艺术节不仅提升了学生的艺术素养，还丰富了校园文化生活。读书节则是学校推广阅读文化、提升学生文学素养的重要活动。在读书节期间，学校会举办好书推荐、阅读分享、主题征文等各种形式的阅读活动，。这些活动旨在激发学生的阅读兴趣，培养他们的阅读习惯和阅读能力。同时，学校还鼓励学生参与文学创作和表演，让他们在文学的世界里自由翱翔。

4. 环境营造

在东平县实验小学，环境营造被视为提升学生健雅文化感知和培养学生审美情趣的重要一环。学校不仅注重教学设施的建设，更在校园环境的美化上投入了大量精力，力求为学生打造一个充满健雅氛围的学习环境。步入校园，绿树成荫、花香四溢的景致令人心旷神怡。学校通过精心规划和布局，使得校园内的每一个角落都焕发出了生机与活力。花坛中，各色花卉竞相绽放，争奇斗艳，为校园平添了无限色彩。草坪上，学生在课间嬉戏玩耍，尽请享受着大自然的馈赠。除了自然环境的营造，学校还非常注重文化环境的建设。在校园内，设置了多处文化墙，上面展示了学校的办学理念、校史文化、名人名言等内容，让学生在潜移默化中受到文化的熏陶。这些文化墙不仅美化了校园环境，还为学生提供了一个学习和交流的空间。此外，学校还精心打造了艺术角。在这里，学生可以欣赏各种形式的艺术作品，如绘画、雕塑、手工艺品等。这些艺术作品不仅展现了学生的才华和创造力，还为学生提供了一个欣赏和品鉴艺术的场所。学校还经常邀请当地艺术家来校进行创作和展示，让学生与艺术家面对面交流，感受艺术的魅力。这种注重环境营造的做法，不仅让学生在学习之余能够欣赏到美丽的校园环境，还让他们在无形中接受了健雅文化的熏陶。这种潜移默化的教育方式，使学生在轻松愉快的环境中成长，为他们的全面发展提供了有力支持。

（三）健雅文化的特色品牌

东平县实验小学在全校师生的齐心协力和不懈追求下，健雅文化建设取得了显著的成效，并初步形成了独树一帜的特色品牌。这一成果的取得，凝聚了师生的智慧和汗水，更是对"崇健尚雅"办学理念的生动践行。学校组织的各类健雅文化活动，已成为学生课余生活中不可或缺的一部分。体育节、艺术节、读书节等活动丰富多彩，让学生在参与中感受运动的激情、艺术的魅力和阅读的乐趣。这些活动不仅丰富了学生的课余生活，更在潜移默化中提升了他们的文化素养和综合素质。在健雅文化的熏陶下，学生逐渐形成了健康向上的生活方式和优雅从容的举止风范。他们热爱运动，注重身体健康，积极参与各类体育活动；他们热爱艺术，关注文化修养，努力提升自己的审美情趣；他们热爱阅读，追求知识真理，不断拓宽自己的知识视野。同时，学校的健雅文化建设也得到了社会各界的广泛认可和赞誉。各级领导对学校的健雅教育成果给予了高度评价，家长也对学校的办学理念和教育教学工作表示满意和支持。学校的健雅文化特色品牌已经成为一张亮丽的名片，为学校的发展注入了新的活力和动力。

（四）健雅文化的社会影响

东平县实验小学的健雅文化建设，自启动以来便受到了广泛关注，不仅在校内赢得了师生的高度认可，更是得到了各级领导和社会各界的热烈赞誉。这种赞誉不仅源于学校对健雅文化理念的深入贯彻，更源于其在实践中所取得的显著成效。多家知名媒体纷纷对学校的健雅教育进行了专题报道。这些报道详细记录了学校在健雅文化建设中的探索与实践，展现了师生在这一过程中的风采与成果。媒体的专题报道不仅为学校带来了荣誉，更进一步扩大了学校的影响力。通过这些报道,更多的人开始关注东平县实验小学,了解学校的办学理念和特色文化。这不仅为学校增添了良好的声望,也为学校的未来发展奠定了坚实的基础。这份荣誉来之不易,需要倍加珍惜和继续努力。同时,这些报道也激发了全校师生的自豪感和荣誉感,使他们更加坚定地走在健雅文化建设的道路上。因此,在未来的日子里,东平县实验小学将继续深化健雅文化建设,为学生的全面发展和社会进步贡献更多力量。

第二节 案例学校健雅文化建设的成效分析

一、教育教学质量的提升

(一)学科成绩显著提高

在健雅文化建设的深入实施下,东平县实验小学的教育教学质量迈上了新的台阶,学科成绩的显著提高成为最直观、最有力的证明。学校将健雅文化理念巧妙地融入日常教学中,不仅注重知识的传授,更强调学生在健康与优雅的氛围中体验学习的乐趣。这种教学模式极大地激发了学生的学习兴趣和内在动力,使他们在学习过程中更加主动、积极。语文课堂上,学生在品味经典文学作品的同时,也领略到了中华文化的博大精深;数学课堂上,他们通过解决实际问题,感受到了数学的魅力和实用性;英语课堂上,学生在模拟真实场景中锻炼口语,提高了跨文化交流的能力;科学课堂上,他们通过观察和实验,探索了自然界的奥秘。这些丰富多彩的学科内容,在健雅文化的熏陶下,变得更加生动有趣,也更容易被学生接受和掌握。随着健雅文化建设的不断推进,学校的教学质量和学生的学科成绩也呈现出稳步上升的趋势。越来越多的学生在各类考试中取得了优异的成绩,这不仅是对他们个人努力的肯定,更是对学校教育教学质量的认可。这些成绩的取得,不仅提升了学校的知名度和美誉度,也为学校的未来发展奠定了坚实的基础。

（二）综合素质全面发展

在追求学科成绩卓越的同时，东平县实验小学也极其关注学生的全面发展。健雅文化的深入贯彻，使得学生在课堂之外也能体验到艺术的魅力、体育的激情与文化的熏陶。学校精心策划并举办了各类健雅文化活动，为学生提供了广阔的展示平台。在体育节上，学生挥洒汗水，挑战自我，不仅锻炼了体魄，更培养了团队合作和竞争意识；在艺术节上，学生用画笔描绘梦想，用音乐传递情感，不仅展示了才艺，更提升了审美素养；而读书节则让学生沉浸在知识的海洋中，培养了他们的阅读习惯和独立思考能力。这些活动不仅丰富了学生的课余生活，更在无形中促进了他们综合素质的全面发展。学生在参与中体验健康与优雅的魅力，学会了如何欣赏美、创造美，如何在团队中发挥自己的作用，以及如何勇敢地面对挑战和困难。这些宝贵的经历和能力，将成为他们未来成长道路上不可或缺的财富。东平县实验小学的健雅文化建设，不仅关注学科成绩的提升，更着眼于学生综合素质的全面发展。通过丰富多彩的文化活动，学校为学生搭建了一个全面展示自我、锻炼能力的舞台，让他们在未来的道路上更加自信、从容地前行。

（三）教师队伍建设加强

教育教学质量的提升，离不开一支高素质、专业化的教师队伍。在健雅文化建设的引领下，东平县实验小学深刻认识到教师队伍建设的重要性，并致力于提升教师的专业素养和教育能力。为了实现这一目标，学校积极组织各类教师培训活动，为教师提供专业发展的机会和平台。通过邀请业内专家举办讲座、组织教学研讨会、开展教学观摩等形式，教师能够接触到最新的教育理念和教学方法，拓宽教学视野，提升教学水平。同时，学校还鼓励教师参与教育教学改革和创新实践，鼓励他们勇于尝试新的教学模式和教学手段，以更好地满足学生的学习需求。在健雅文化的熏陶下，教师不仅注重学科知识的传授，更关注学生的全面发展和综合素质的提升。他们积极引导学生参与各类健雅文化活动，让学生在活动中体验健康与优雅的魅力，培养学生的审美素养、创新思维和实践能力。同时，教师也注重与学生的互动和交流，关注学生的情感需求和心理健康，努力为学生营造一个温馨、和谐的学习环境。教师队伍建设的加强，为东平县实验小学的教育教学质量提升提供了有力的保障。教师以更加饱满的热情和更加专业的态度投入到教育教学中，为学生的成长和发展贡献着自己的力量。

二、校园文化建设的成果

（一）校园环境美化

在健雅文化建设的积极推动下，校园环境得到了显著的美化，焕发出新的生机与活力。学校高度重视绿化工作，种植了各类花卉和树木，使得校园四季皆能展现出不同的美景。春天，樱花烂漫，杏花吐蕊，宛如一片粉色的海洋；夏日，绿树成荫，清风徐来，为师生提供了一片避暑的绿洲；秋季，金黄的银杏、火红的枫叶交相辉映，构成了一幅幅绚丽的画卷；而冬季，白雪皑皑，银装素裹，更添了几分宁静与雅致。除了绿化工作，学校还注重景观布置的细节。精心设计的文化墙、独具特色的艺术角等，都巧妙地将健雅文化的元素融入其中。文化墙上，不仅展示了学校的办学理念和历史沿革，还展示了师生的艺术作品和创意成果，让人在欣赏中感受到文化的魅力。艺术角则为学生提供了一个展示自我、交流学习的平台，让他们在这里发挥创意、展现才华。这些举措的实施，不仅提升了校园的整体形象，更营造了一个舒适、美观的学习和生活环境。师生在这样的环境中学习、生活，不仅能够享受到美的熏陶，还能够感受到文化的力量。这种环境的营造，不仅有助于培养学生的审美能力和文化素养，还有助于激发他们的学习积极性和创造力。可以说，在健雅文化建设的推动下，校园环境的美化不仅提升了学校的形象，更为师生提供了一个更加美好的学习和生活空间。

（二）文化活动丰富多彩

学校致力于开展多样化的健雅文化活动，旨在丰富学生课余生活的同时，提升校园文化氛围，培养学生的综合素质。这些活动精彩纷呈，涵盖了体育、艺术、阅读等多个领域，为学生提供了展现自我、锻炼能力的广阔舞台。体育节作为学校一年一度的盛事，不仅激发了学生的运动热情，更在竞技中展现了健康与活力的风采。学生在赛场上挥洒汗水，锻炼体魄，更在团队合作中培养了集体荣誉感和协作精神。艺术节则是展示学生艺术才华的盛会，绘画、书法、舞蹈、音乐等多种艺术形式在这里交织辉映，学生在欣赏和创作中感受到了艺术的魅力和力量。读书节更是学校注重培养学生阅读兴趣和习惯的重要活动。通过举办读书分享会、征文比赛等形式，引导学生沉浸在书籍的海洋中，拓宽视野，丰富内心世界。这些活动不仅提高了学生的阅读能力，还激发了他们对知识的渴望和对生活的热爱。此外，学校还鼓励学生自主组织社团和兴趣小组，如文学社、摄影社、舞蹈团等，让学生在兴趣的引领下更深入地了解和体验健雅文化。这些社团和兴趣小组的活动丰富多样，不仅满足了学生的个性化需求，也促进了学生之间的交流和互动，增强了校园文化的多元性和包容性。这些文化活动的开展，不仅丰富了学生的课余生活，也为学生提供了一个展现自我、锻炼能力的平台。在参与中，学生不仅体验到了健康与优雅的魅力，更在潜移默化中提升了文化素养和实践能力。

（三）文化氛围浓厚

随着健雅文化建设的深入推进，学校的文化氛围已经浸润在校园的每个角落，深深地烙印在每一个师生的心灵之中。这种氛围不仅仅是一种外在的装饰，更是一种内在的精神追求和价值取向。在校园的日常生活中，师生都能感受到健雅文化所带来的独特魅力。无论是课堂上老师深入浅出的讲解，还是课间同学之间的友好交流，都透露出一种健康、优雅、向上的气息。这种氛围不仅影响着师生的言行举止，更在潜移默化中塑造着他们的思维方式和价值观念。学校通过举办各类讲座、展览等活动，向师生传递健康、优雅、向上的文化理念。这些活动不仅丰富了师生的课余生活，更在思想上给予了他们深刻的启迪。在这些活动中，师生能够领略到文化的博大精深，感受到文化的独特魅力，从而更加坚定地走上健康、优雅、向上的道路。同时，学校还注重培养学生的创新精神和实践能力。在健雅文化的熏陶下，学生更加敢于尝试、敢于创新，勇于面对挑战和困难。他们不仅在学术上追求卓越，更在实践中锻炼自己、提升自己。这种创新精神和实践能力不仅让他们在学习上取得了优异的成绩，更让他们在未来的道路上更加自信、从容地面对各种挑战。

（四）文化品牌塑造

在校园文化建设的道路上，学校始终致力于塑造独具特色的文化品牌。在这一过程中，学校深入挖掘了自身丰富的文化底蕴和特色资源，将其与健雅文化的核心理念相融合，精心打造了一系列别具一格的文化活动和文化产品。这些文化品牌不仅是学校独特文化的外在展现，更是学校精神内核的生动诠释。它们体现了学校对健康、优雅、向上精神的追求，以及对学术、艺术、体育等多方面的全面重视。通过这些文化品牌，学校向外界展示了自身独特的文化魅力和教育理念，吸引了更多人的关注和认可。同时，这些文化品牌也成为了学校师生共同的精神家园。师生在这些文化活动中找到了归属感和认同感，他们在这里共同学习、交流、成长，共同为学校的繁荣发展贡献力量。这些文化品牌不仅增强了师生对学校的凝聚力和向心力，也激发了他们为学校增光添彩的热情和动力。这些文化品牌为学校的发展注入了新的动力和活力，为学校的教育教学、科研创新、社会服务等各方面工作提供了有力的支撑和保障。通过这些文化品牌，学校不断推动自身向更高水平、更高层次迈进，为培养更多优秀人才、服务社会发展作出更大贡献。

三、师生精神风貌的改善

（一）健康向上的心态形成

随着健雅文化建设的逐步深入，师生的心态经历了显著的转变。在这种文化氛围的熏陶下，他们开始更加珍视自己的身心健康，将健康视为实现人生价值和追求梦想的基础。师生纷纷参与到体育锻炼中，无论是晨跑、体操还是篮球、足球，都成为他们日常生活的一部分。这些体育活动不仅强健了体魄，也让他们感受到了运动的快乐与成就感。除了体育锻炼，师生还积极参与各类文化活动。这些活动不仅丰富了他们的课余生活，也让他们在艺术的熏陶下感受到了文化的魅力和生活的美好。他们开始欣赏音乐、绘画、戏剧等艺术形式，并在其中寻找灵感和共鸣。这种对文化的热爱和追求，使他们的精神世界更加充实和丰富。健康向上的心态不仅提升了师生的学习效率和工作质量，也让他们在面对困难和挑战时更加从容和自信。他们学会了积极面对生活中的挫折和失败，将其视为成长的机会和动力。这种心态让他们更加坚韧和勇敢，不断追求更高的目标和更远的梦想。

（二）优雅文明的举止养成

在健雅文化的熏陶下，师生的日常行为举止展现出前所未有的优雅与文明。这种转变并非一蹴而就，而是随着健雅文化建设的深入，逐渐渗透进每个人的心灵和行为之中。在校园内，师生对礼仪修养的重视程度显著提升，他们学会了如何在不同场合下得体地表达自己，如何在尊重他人的同时展现自己的风采。在课堂上，他们认真听讲，积极发言，与老师进行深入的学术交流；在社交场合，他们礼貌待人，温文尔雅，展现出良好的教养和风度。尊重他人、友善待人是优雅文明举止的重要体现。在校园生活中，师生相互尊重，平等交流，形成了和谐友好的人际关系。他们懂得倾听他人的意见和看法，尊重他人的选择和决定，同时也积极表达自己的观点和想法。这种相互尊重、友善待人的氛围不仅让校园生活更加美好，也为学生提供了宝贵的人生经验。优雅文明的举止不仅提升了学校的整体形象，更为学生树立了良好的榜样。他们在日常生活中展现出的优雅与文明，不仅赢得了他人的尊重和赞赏，也引领着更多的人形成正确的价值观念和道德观念。这种影响是深远的，它将在学生的成长道路上留下深刻的印记，并激励他们不断追求更高的境界和更广阔的未来。

（三）积极进取的精神面貌

健雅文化的深厚底蕴，为师生注入了积极进取的精神动力。在这种文化的熏陶下，师生展现出了前所未有的热情与活力，他们热爱生活，热爱学习，勇于探索未知，敢于挑战自我。在学术研究领域，师生不再满足于现状，而是积极投身于科研创新之中。他们深入研究，不断探索新的学术领域，勇于提出新的观点和理论。这种对知识的渴望和对真理的追求，驱使他们在学术道路上不断前行，并取得丰硕的成果。在社会实践中，师生同样展现出积极进取的精神风貌。他们积极参与各类社会实践活动，如志愿服务、社区调研等，用实际行动为社会作出贡献。在这些活动中，他们不仅锻炼了自己的实践能力，也增强了对社会的责任感和使命感。无论是在学术研究还是社会实践中，师生都保持着高度的热情和专注度。他们不畏艰难，不惧挑战，勇于面对困难和挫折。这种积极进取的精神风貌，不仅让他们在各自的领域取得了优异的成绩，也为学校的发展注入了新的活力和动力。健雅文化所倡导的积极进取精神，已经成为师生共同的追求和信念，他们坚信，只有不断追求进步和突破，才能实现个人价值和社会价值。这种精神将激励着他们不断前行，为实现更加美好的未来而努力奋斗。

（四）和谐共融的校园氛围

健雅文化建设的深入推进，在校园里营造了一种和谐共融的氛围。在这种氛围下，师生相互尊重、相互理解、相互支持，携手构建了一个团结、友爱、和谐的校园环境。在校园里，师生之间的关系超越了简单的教与学，更像是一家人紧密相连。老师深切关心学生的成长，耐心解答他们的问题，不仅在学术上给予悉心指导，更在人生道路上为他们指引方向。学生则尊敬老师，珍惜老师的辛勤付出，将老师的教诲铭记在心。这种和谐共融的氛围也体现在学生之间。同学之间相互帮助、相互鼓励，在学术上携手并进，在生活中共同成长。他们乐于分享，愿意将自己的知识和经验无私地传授给他人；他们懂得包容，能够理解接纳不同的观点和看法。这种友爱互助的精神，让校园洋溢着温暖和活力。同时，和谐共融的校园氛围也为师生创造了一个良好的学习和工作环境。在这样的环境下，师生能够充分挖掘自己的潜力，尽情展现自己的才华。他们能够在轻松愉悦的氛围中享受学习的乐趣和创造的喜悦，共同为校园发展贡献自己的力量。

四、社会声誉的显著提升

（一）知名度与美誉度的双提升

在健雅文化建设的强劲推动下，案例学校的知名度与美誉度如同璀璨的星辰，在夜空中熠熠生辉。通过一系列精心策划、独具匠心的文化活动和文化产品的推出，学校成功吸引了社会各界的目光，成为公众瞩目的焦点。这些文化活动和文化产品，不仅充分展现了学校的文化底蕴和特色，更彰显了学校在教育领域的创新能力和实践成果。无论是举办的文化艺术节，还是推出的文化讲座和展览，都以其独特的魅力和丰富的内涵，吸引着人们的目光，让人们深切感受到了学校的深厚底蕴和无限活力。同时，学校还积极参与各类社会公益活动，用实际行动回馈社会，传递正能量。无论是支教助学，还是环保志愿服务，学校都以其高度的责任感和使命感，积极投身其中，为社会作出了积极贡献。这些公益活动的成功举办，不仅赢得了社会各界的广泛赞誉和好评，也进一步提升了学校的知名度和美誉度。如今，案例学校的名字已经家喻户晓，成为教育领域的佼佼者。人们不仅对其教学质量和科研成果赞不绝口，更对其深厚的文化底蕴和独特的办学理念给予高度评价。这种知名度和美誉度的双提升，为学校未来的发展奠定了坚实的基础，也为学校在教育领域的持续发展和创新提供了强大的动力。

（二）社会认可度的增强

随着案例学校知名度和美誉度的日益攀升，社会对这所学校的认可度也呈现出显著增强的态势。这种认可度的提升，不仅体现在学生和家长的选择倾向上，更体现在广泛的社会合作与互动中。越来越多的家长和学生开始将目光投向这所学校，选择将其作为实现教育梦想的理想之地。学校的招生规模逐年扩大，同时录取新生的质量也同步提高，优秀学子汇聚于此，共同追求卓越。这种趋势的形成，正是学校知名度和美誉度提升所带来的直接结果，也反映出社会对学校办学实力和教育质量的充分肯定。这些合作关系的建立，不仅为学校带来了更多的资源和支持，也进一步提升了学校在社会上的影响力和地位。通过与政府机构的合作，学校能够更好地服务于地方社会，为地方发展贡献智慧和力量。此外，这些合作还为学生提供了更广阔的实践平台和更丰富的实践机会。学生能够在实践中锻炼能力、增长见识，为未来的发展打下坚实的基础。而这种实践机会的多样性，也进一步增强了学生对学校的认同感和归属感。

五、健雅教育品牌的树立

（一）品牌理念的明确与传达

案例学校通过深入实施健雅文化建设，成功塑造了独树一帜的健雅教育品牌。在品牌理念的明确与传达方面，学校不仅将健雅文化的核心价值观念融入日常的教育教学之中，更通过实际行动和细致入微的展示，使这一理念深入人心。学校精心策划了各类文化活动，如学术讲座、艺术展览、体育竞赛等，这些活动不仅丰富了学生的校园生活，也彰显了学校对品德修养、健康生活、学术追求和艺术审美的高度重视。通过这些活动，学校向外界传递了注重全面发展、追求卓越品质的教育理念。在课程设置上，学校也充分考虑了健雅文化的核心价值观念。除了传统的学科知识外，学校还增设了品德教育、健康教育、艺术教育等课程，旨在培养学生的综合素质和人文精神。这些课程的设置，不仅丰富了学生的知识体系，也为学生提供了更多了解和实践健雅文化的机会。师生交流是品牌理念传达的重要途径。学校鼓励师生之间的深入交流，通过师生座谈会、学术研讨会等形式，让学生更加了解学校的文化特色和教育理念。同时，学校也注重培养师生之间的良好关系，让师生在相互尊重、相互理解的基础上共同成长。这种明确的品牌理念不仅使学校在众多教育机构中脱颖而出，也为学生和家长提供了清晰的教育选择方向。他们选择案例学校，不仅是选择了一所优质的学校，更是选择了一种注重全面发展、追求卓越品质的教育方式。

（二）品牌形象的塑造与传播

案例学校在品牌形象的塑造与传播上，展现出了独特的策略和远见。校园环境和文化景观的精心设计，是品牌形象塑造的首要步骤。校园内绿树成荫、花团锦簇，各类文化设施错落有致，每一处都透露出优雅、文明、和谐的氛围。这种环境不仅为学生创造了良好的学习条件，也让来访者在第一时间就能感受到学校深厚的文化底蕴和教育特色。媒体资源的有效利用是提升品牌知名度的重要途径。学校通过精心维护的官方网站，定期发布学校的新闻动态、教育成果和文化活动信息，使外界能够及时了解学校的最新发展动态。同时，学校还积极利用社交媒体平台，与广大网友进行互动交流，传递学校的价值观念和塑造品牌形象。这些渠道的有效运用，使学校的品牌形象得以迅速传播，显著提高了学校的知名度和影响力。此外，学校还积极组织师生参与各类文化交流和教育展览活动。这些活动不仅为师生提供了展示才华的舞台，也为学校提供了展示办学实力和教育成果的良好机会。通过与其他学校和机构的交流合作，学校的品牌形象得到了进一步提升，增强了学校的竞争力和社会影响力。

第三节　案例学校的经验与启示

一、成功经验的总结

（一）品牌理念的明确与坚守

1.清晰定义品牌理念

案例学校在建设和发展过程中，成功地将健雅文化确立为品牌理念的核心，为学校的长远发展奠定了坚实的基础。健雅文化不仅体现了对学生全面发展的追求，更是学校对于教育本质的理解和诠释。通过明确将健雅文化作为品牌理念，案例学校清晰地界定了自身的发展方向和教育目标。在健雅文化的引领下，学校注重培养学生的品德修养，倡导健康的生活方式，追求学术的卓越，以及欣赏和创造艺术美感。这种明确的品牌理念，使得学校在教育领域中独树一帜，为学生提供了一个独特且富有价值的学习环境。同时，将健雅文化作为品牌理念，也促使学校在教育教学、课程设置、师生交流等方面形成了统一的风格和特色。无论是课堂上的知识传授，还是课外的文化活动，都融入了健雅文化的元素，使得学生在潜移默化中受到品牌理念的熏陶和影响。此外，清晰定义的品牌理念还有助于提升学校的知名度和影响力。当学校以健雅文化作为品牌理念时，它便拥有了一个独特的标识和标签，使得家长和学生在选择学校时能够迅速识别并记住。这种品牌理念的传播和认可，为学校带来了更多的资源和支持，推动了学校的持续发展。

2. 持续坚守品牌理念

在教育教学的各个环节中，案例学校始终坚持并践行健雅文化的核心价值观念。这不仅仅是一句口号或宣传语，更是学校精神与实践的紧密结合。健雅文化所倡导的品德修养、健康生活方式、学术卓越和艺术美感，已经深深根植于学校的日常教育教学中。在课程设置上，学校充分考虑了健雅文化的核心价值观念。无论是传统的学科知识，还是新增的品德教育、健康教育和艺术教育校本课程，都巧妙地融入了健雅文化的元素。在课堂教学过程中，教师时刻将健雅文化的理念贯穿于教学内容和方法之中。他们注重培养学生的品德修养，关注学生的身心健康，鼓励学生追求学术卓越，并激发学生的艺术创造力。这种教学方式不仅提高了学生的学习效果，也让学生更加深入地理解和认同健雅文化的核心价值观念。此外，学校还通过各类文化活动、师生交流和校园建设等方式，持续践行健雅文化的理念。例如，学校定期举办读书节、艺术节、科技节、体育节等活动，让学生在参与中亲身感受到健雅文化的魅力。同时，学校还鼓励师生之间的深入交流，让师生在相互尊重、相互理解的基础上共同成长。这种持续坚守品牌理念的做法，使得案例学校的健雅文化得以真正落地生根。学校的每一位师生都成为健雅文化的传播者和实践者，他们用自己的实际行动诠释着健雅文化的核心价值观念。

（二）品牌形象的精心塑造

1. 校园环境与文化景观的打造

学校致力于营造优雅、文明、和谐的校园环境，以及打造独特的文化景观，这一举措不仅为学生提供了一个良好的学习和成长环境，同时也显著提升了学校的品牌形象。在校园环境的设计上，学校注重整体布局与细节处理的和谐统一。宽敞的校园道路、绿树成荫的校园小径，以及布局合理的建筑群落，共同勾勒出一幅美丽的画卷。这些精心设计的元素不仅为学生提供了舒适宜人的学习空间，还让他们在潜移默化中深受学校文化的熏陶。文化景观的打造更是学校提升品牌形象的重要一环。学校通过深入挖掘历史文化底蕴，并结合现代设计理念，打造出了一系列独具特色的文化景观。比如，学校的图书馆不仅是一个供学生学习的场所，更是一个展示学校文化魅力的重要窗口。图书馆的内外装饰、陈列布局及文化氛围的营造，都充分彰显了学校的文化特色和品位。此外，学校还注重将文化景观与教育教学紧密结合。在校园的各个角落，都能发现与学科相关的文化元素。比如，在生物园的入口处，摆放着介绍生物多样性的展板；在艺术楼的走廊上，悬挂着学生创作的艺术作品。这些文化景观不仅丰富了校园的文化内涵，还为学生提供了更广阔的学习视野。

2. 校园文化的传承与创新

在校园文化建设中，案例学校既注重传承中华优秀传统文化，又勇于进行文化创新，成功形成了独特的文化特色和品牌魅力。对于中华优秀传统文化的传承，学校从课程设置、教学活动到校园活动等多个方面入手。通过开设国学课程、举办经典诵读活动等方式，让学生深入了解和学习传统文化，感受其深厚底蕴和独特魅力。同时，学校还注重将传统文化融入日常生活中，比如通过传统节日的庆祝活动，让学生亲身体验传统文化的习俗和氛围。然而，仅仅传承传统文化是远远不够的。在传承的基础上，学校还积极进行创新，推动校园文化的多元化和现代化。学校鼓励师生进行文化创新，支持各种形式的文艺创作和实践活动。比如，学校设立了艺术创新基金，资助师生进行艺术创作和表演；同时，学校还定期举办文化艺术节、科技创新大赛等活动，为学生提供展示才华的舞台。这种传承与创新相结合的文化建设方式，使得学校的校园文化既具有深厚的文化底蕴，又充满了活力和创新精神。学校的文化特色逐渐凸显，形成了独特的品牌魅力。这种独特的文化特色和品牌魅力，不仅吸引了更多优秀学生的加入，也提升了学校的知名度和影响力。此外，学校还注重将校园文化与教育教学相融合，推动教育教学改革。学校鼓励教师将文化创新融入教学中，通过创新教学方法和手段，提高学生的学习兴趣和综合素质。同时，学校还注重培养学生的创新精神和实践能力，为他们未来的发展和社会适应能力打下坚实的基础。

（三）文化引领下的特色发展

1. 特色课程的开设

为了深入贯彻健雅文化的理念，学校精心策划并开设了具有鲜明特色的校本课程，这些课程不仅丰富了学生的学习内容，还着重培养学生的综合素质和人文精神。品德教育类课程是学校的一大亮点。品德修养对于学生极其重要，因此学校专门开设了品德教育课程，如"德润人生""文明在我心"，这些课程旨在通过生动有趣的案例分析和实践活动，引导学生树立正确的价值观和道德观。它们注重培养学生的诚信、尊重、宽容等品质，致力于让他们成为具有高尚品德的公民。健康教育类课程也备受学生喜爱。学校注重学生的身心健康，开设了健康教育课程，如"室内操""'绳'彩飞扬""活力健身操""做最好的自己"，这些课程通过传授健康知识和技能，引导学生养成健康的生活习惯。它们不仅涵盖了生理健康、心理健康等方面的内容，还注重培养学生的运动兴趣和习惯，让他们在运动中享受快乐，拥有强健的体魄。艺术教育类课程更是学校的一大特色。学校坚信艺术能够陶冶性情、启迪智慧，因此开设了丰富的艺术教育课程，如"红歌传情""健雅少年规范歌""纸雕童心"等。这些课程注重培养学生的审美能力和创造力，让他们在艺术的熏陶下感受美的力量，激发创造灵感。同时，学校还定期举办艺术展览和演出活动，为学生提供展示才华的舞台。这些特色课程的开设，不仅极大地丰富了学生的学习生活，还为他们提供了更多接触和了解健雅文化的机会。通过这些课程的学习和实践，学生不仅掌握了知识和技能，还培养了良好的品德、健康的生活习惯和审美情趣。

2. 特色活动的组织

为了丰富学生的校园生活，增强学校的文化凝聚力，学校精心组织了一系列与健雅文化紧密相关的特色活动。这些活动不仅为学生提供了展示自我、锻炼能力的平台，也让他们在实践中深刻感受健雅文化的魅力。读书节是校园内最为瞩目的文化庆典之一。每逢读书节，学校诚邀各界知名作家、学者及阅读推广人，为学生编织一场知识与想象的盛宴。节日期间，学生得以沉浸于琳琅满目的书籍推荐、精彩纷呈的读书分享会以及深度探讨的文学讲座之中，体验文字跨越时空的魔力与不同思想的碰撞交汇。参与读书节，学生不仅能够遨游书海、拓宽知识边界，更能在书香的浸润下滋养心灵，提升自我修养与文学素养。此外，创意阅读活动及图书跳蚤市场也是读书节不可或缺的亮点，它们为校园生活添上一抹独特的文化色彩。艺术展览是学校另一项备受关注的特色活动。学校鼓励师生进行艺术创作，并定期举办艺术展览，为学生提供一个展示才华的舞台。艺术展览涵盖了绘画、剪纸、摄影、书法、手工制作等多种艺术形式，每一件作品都充满了创意和灵感。学生在欣赏作品的同时，也能够感受到艺术的力量和美好，从而激发自己的创造力和想象力。体育竞赛也是学校不可或缺的特色活动之一。学校注重培养学生的体育精神，鼓励他们积极参与体育锻炼和竞赛。每年，学校都会组织各种形式的体育竞赛，如绳王争霸赛、围棋联赛、篮球比赛、足球比赛等。这些竞赛不仅锻炼了学生的身体素质，还培养了他们的团队合作精神和竞争意识。通过参与体育竞赛，学生能够在运动中感受快乐，享受成功的喜悦，同时也为学校的体育事业贡献力量。

（四）持续创新与改进

1. 教育理念的更新

在快速变化的时代背景下，学校若要谋求更好的发展，必须始终紧跟时代步伐，不断更新教育理念。教育不仅仅是传授知识的过程，更是培养学生综合素质和终身学习能力的重要途径。因此，学校在更新教育理念时，注重以学生为中心，全面关注学生的发展和个性化需求。学校强调培养学生的创新精神和实践能力。通过引入创新课程和实践活动，学校鼓励学生积极探索、勇于创新，培养他们的创新思维和解决问题的能力。这种教育理念有助于学生在未来的学习和工作中更好地适应变化、迎接挑战。同时，学校也注重培养学生的综合素质。除了学业成绩外，学校还高度关注学生的品德、情感、审美等方面的发展。通过开设多样化的课程和活动，学校让学生在参与中体验、在体验中成长，进而培养他们的综合素质和社会责任感。此外，学校还关注学生的个性化需求。学校认识到每个学生都是独一无二的，因此注重为每个学生提供个性化的教育服务。通过实施分层教学和个性化辅导等措施，学校让每个学生都能在自己擅长的领域得到发展和提升。

2. 教学方法的创新

为了提高教育质量和效率，学校积极探索新的教学方法和手段，旨在为学生提供更好的学习体验。鉴于传统的教学方法已难以满足现代学生的需求，学校不断推进教学方法的创新与改革。学校引入信息技术手段，大力推动教育信息化进程。通过建设智慧教室、开发在线课程等方式，学校为学生提供了更加便捷、高效的学习平台。这些信息化教学手段不仅丰富了学生的学习资源，还提高了他们的学习效率和兴趣。同时，学校高度重视实践教学，倡导学生在实践中学习，通过亲自动手、亲身体验来更好地掌握知识和技能。这种实践教学方法有助于学生将所学知识灵活应用于实际中，进而提高他们的实践能力和解决问题的能力。此外，学校还积极探索项目式学习、合作式学习等新型教学方法。这些方法强调学生的参与和合作，让他们在合作中互相学习、共同进步。通过采用这种教学方法，学校旨在培养学生的团队合作精神和沟通能力，提高他们的综合素质。

（五）团队协作与人才建设

1. 打造高效团队

在健雅文化的深厚底蕴中，学校对教师团队的锻造，不仅根植于日常的教学实践，更在于以文化之韵滋养师者心田，促进其专业素养与教学能力的持续升华。培训，作为这一进程中的璀璨明珠，不仅引领教师遨游于教学方法的革新的海洋，深研教育心理学的微妙奥秘，更让他们紧握学科前沿的璀璨星辰，以此照亮学生求知的征途。这样的培训，实则是师者技艺精进的阶梯，也是心灵智慧启迪的源泉，使教师得以在教学艺术的殿堂里，既技艺超群，又善解人意，精准把握每位学生的独特需求。而交流，则是健雅文化中不可或缺的纽带，它编织起教师间智慧与情感的桥梁。学校倡导开放共享的文化氛围，鼓励教师以教研为舟，以观摩为帆，共赴知识的海洋，在案例研讨中碰撞思想火花，在经验分享中汲取成长养分。此交流，不仅限于一校之内，更跨越山海，携手同行于更广阔的教育天地，汲取百家之长，融会贯通，以开放包容的姿态，拓宽教育视野，丰富教学理念与方法。

在这片健雅文化的沃土上，教师团队犹如精心培育的林木，根深叶茂，既各自挺拔，又相互依存，共同构成了高效协同、默契无间的生态系统。他们不仅在教学技艺上炉火纯青，更在团队协作中展现出非凡的凝聚力与创造力，携手为学生撑起一片知识的蓝天，让他们在优质的教育环境中茁壮成长。如此一来，学校整体教学水平亦随之水涨船高，健雅文化之光，因教师团队的卓越表现而更加熠熠生辉。

2. 吸引与培养人才

健雅文化的践行中，优秀的教师群体犹如璀璨星辰，引领着学校发展的方向，成为推动其破浪前行的核心力量。鉴于此，学校深谙"人才为本"之道，将吸引与培育英才视为铸就辉煌之基，精心布局，力行不辍。学校以健雅文化为魂，构筑起吸引人才的强大磁场，通过实施充满人文关怀的管理，如同春风化雨，滋养着每一位教育追梦人的心田；同时，营造舒适雅致的工作环境，宛若幽谷兰香，让教师在宁静中找寻教学的灵感与激情。更进一步，学校搭建起广阔无垠的发展平台，犹如星辰大海，邀请教师扬帆远航，探索教育的无限可能。

对于已投身教育事业的教师，学校秉持"持续成长，共铸辉煌"的理念，实施了一系列精心策划的培育措施。定期的在职培训，如同清泉注入，不断滋养着教师的专业根系，使之更加稳固；参与教育研讨会，则似搭建起思想的桥梁，让教师跨越时空的界限，与智者交流，启迪新知。而鼓励学术研究，更是点燃了教师内心的热情，让他们在学术的殿堂里自由翱翔，追寻教育的真谛。

此外，学校还以健雅文化为指引，设立了一系列激励机制，如同璀璨星辰，照亮了教师的荣誉之路。教学成果奖、优秀教师奖等荣誉的颁发，不仅是对教师辛勤付出的肯定与褒奖，更是激发了他们内心的热情与动力，使他们在教育的道路上越走越远，越飞越高。

　　学校以健雅文化为纽带，将吸引人才、培育英才与促进发展紧密相连，形成了独具魅力的教育生态。在这片沃土上，优秀的教师如同璀璨的明珠，共同照亮了学生的未来之路，也为学校的持续发展提供了坚实的人才支撑与不竭的动力源泉。

二、对其他学校的启示与借鉴

（一）构建校园文化体系

1.明确文化核心理念

　　校园文化是学校的灵魂，它深刻影响着学校的教育环境、教学模式以及师生的行为习惯。在构建独具特色的校园文化过程中，明确文化核心理念显得尤为重要。健雅文化便是一个生动的例证，其中的"健"与"雅"相互辉映，共同构筑了一种既关注身体健康又追求精神高雅的教育理念。"健"字不仅代表着学生应拥有健康的身体，更蕴含着对积极生活态度的培养。学校应该鼓励学生参与体育活动，加强体育锻炼，以塑造强健的体魄。同时，"健"也暗示着心理健康的重要性，学校需要营造一个积极、健康的心理环境，帮助学生建立自信、乐观的心态。而"雅"则体现了对学生审美情趣和精神风貌的培育。学校应该通过各种艺术形式，如音乐、绘画、舞蹈等，来提升学生的艺术修养和审美能力。此外，"雅"还代表着一种文明的言谈举止，学校应教育学生学会以礼待人、举止文雅，形成良好的校风。

2.系统规划校园文化活动

　　借鉴健雅文化的成功案例，其他学校在规划校园文化活动时，应注重活动的系统性和连贯性，确保每一项活动都能紧密围绕核心理念展开。健雅文化的核心理念是关注学生的身心健康和高雅情趣，因此，在规划活动时，应充分考虑如何有效体现这一理念。学校可以通过定期举办各类艺术节、体育节等活动，让学生在亲身参与中深刻体会健雅文化的内涵。艺术节可以包括绘画、音乐、舞蹈等多种艺术形式，鼓励学生展示自己的才艺，提升他们的审美情趣和艺术修养。而体育节则可以设计丰富多样的体育项目，让学生在运动中强健体魄，同时培养团队合作精神和健康的竞争意识。此外，学校还可以利用课余时间组织一些小规模的文化活动，如读书会、文化讲座等，以丰富学生的精神生活，进一步提升他们的文化素养。这些活动与课堂教育相辅相成，共同促进学生的全面发展。

（二）丰富校园文化载体

1. 利用校园环境营造氛围

校园环境作为校园文化最直观的体现，承载着塑造学生性格、陶冶学生情操的重要功能。在营造健雅文化氛围的过程中，巧妙地利用并美化校园环境显得尤为重要。学校可以通过精心设计，将每一寸校园空间都转化为文化教育的场所，例如设置富有文化内涵的长廊，在其中悬挂历代名人的诗词书画，让学生在穿行其间时，无形中受到文化的熏陶。此外，打造艺术墙也是营造文化氛围的有效手段。艺术墙上可以展示学生的艺术作品，或是描绘学校的历史与传统，这样不仅能激发学生的创造力，还能增强他们对学校的归属感。通过这些具体的环境布置，学校能够成功地营造出一个充满健雅气息的文化氛围，使学生在这样的环境中自然而然地培养出健康的体魄和高雅的气质。

2. 开发特色校本课程

每所学校都有其独特的历史背景、教育理念和教学资源，结合这些特点，开发具有健雅文化特色的校本课程，对于丰富学生的学习内容、加深学生对健雅文化的理解具有重要意义。校本课程应该以学生的兴趣为导向，同时融入健雅文化的核心理念，让学生在学习的过程中既能掌握知识，又能感受到文化的魅力。例如，学校可以开设关于艺术鉴赏的课程，引导学生欣赏各种艺术形式，提升他们的审美情趣；或者开设关于身心健康的课程，教授学生如何保持健康的生活方式和积极的心态。这些课程不仅能拓宽学生的视野，还能让他们在学习的过程中逐渐领会健雅文化的精神内涵。通过这样的校本课程，学校能够更有效地培养学生的综合素质，使他们在知识的海洋中自由遨游，同时在文化的熏陶下不断成长。

（三）加强校园文化建设

1.提升教师文化素养

教师作为校园文化建设的核心力量，其文化素养的高低直接影响到学校文化的塑造与传播。因此，提升教师的文化素养显得尤为重要。为了更好地传授健雅文化的理念，教师需要不断充实自己的知识储备，深化对健雅文化的理解与认同。学校应该为教师提供多元化的学习机会，如组织专题培训、邀请专家讲座等，帮助教师全面了解健雅文化的内涵与价值。同时，鼓励教师在日常教学中融入健雅文化的元素，通过言传身教，潜移默化地影响学生。只有当教师的文化素养得到提升，他们才能更自如地引导学生领略健雅文化的魅力，从而共同营造出一种积极、健康、高雅的校园文化氛围。

2.开展家校合作

家校合作在校园文化建设中扮演着举足轻重的角色。为了让家长更加了解并支持学校的健雅文化建设，学校应该积极开展各种家校互动活动。例如，定期举办家长学校，邀请教育专家为家长讲解健雅文化的教育理念和实践方法，帮助家长提升教育意识，与学校形成教育合力。同时，通过家长会等活动，让家长直接参与到学校的教育管理中来，提出宝贵意见和建议，共同推动学校文化的深入发展。此外，学校还可以通过家长志愿者、家长讲师团等形式，让家长成为学校文化建设的积极参与者，与孩子一起成长、一起进步。这样，家校之间就能形成紧密的联系，共同营造出一种积极向上的校园文化氛围，为孩子的全面发展提供有力支持。

第五章 健雅文化引领学校发展的挑战与对策

第一节 面临的挑战

一、思想观念转变的难度

（一）传统教育观念的束缚

传统教育观念在学校教育中可谓是根深蒂固，它强调以知识为核心，注重应试能力的培养，而往往忽视了学生的全面发展。这种教育观念历经多年，已经在教师和学生心中留下了深刻的烙印，形成了一种难以轻易改变的思维定式。正因如此，当健雅文化这一新兴教育理念出现时，师生在接受过程中不免会遇到挑战。健雅文化所倡导的，是一种更为全面、注重人文关怀与生态意识并重的教育理念。然而，由于传统教育观念的束缚，师生往往难以迅速适应和接受这种新的教育模式。他们习惯于以知识传授和应试为主要目标的教学方式，对于健雅文化所强调的学生的全面发展、身心健康以及对自然环境的关注等理念，可能会感到陌生甚至不解。这种传统教育观念的束缚，不仅阻碍了健雅文化的推广和实施，更可能限制了学生的全面发展和潜能的挖掘。为了打破这种束缚，需要付出长时间的努力和坚持。这不仅仅是通过简单的宣传和讲解就能达到的效果，更需要通过实践和创新来逐步改变师生固有的教育模式和教育理念。因此，推广健雅文化，需要从根本上改变师生对于教育的认知和看法。这是一个循序渐进的过程，需要教育者以开放的心态去接纳新事物，勇于尝试和创新，从而引领学生走向一个更为广阔、多元的教育世界。

（二）对健雅文化理念的认同障碍

健雅文化作为一种新兴的教育理念，近年来逐渐受到教育界的广泛关注。它所强调的人文关怀与生态意识，不仅体现了现代教育对学生全面发展的重视，也反映了社会对环境可持续发展的深切关怀。然而，正是这样一种具有前瞻性和创新性的教育理念，在与一些人的传统教育价值观念碰撞时，产生了不小的认同障碍。这种障碍的形成，很大程度上源于人们教育观念的差异。有些人秉持着传统的教育观念，认为教育的核心在于知识的传授和技能的训练，而对于健雅文化所倡导的身心健康、关注自然环境等理念并不十分看重。在他们看来，这些并非教育的重点，甚至可能被视为"非主流"或"奢侈"的追求。此外，对于健雅文化的内涵和实质，也存在着一定的理解难度。由于它涉及人文关怀、生态意识等多个层面，需要人们具备一定的文化素养和开放思维才能真正领悟。这对于那些习惯于传统教育模式、思维相对固化的人来说，无疑增加了理解和接受的难度。为了克服这些认同障碍，广泛的宣传和深入的讨论显得尤为重要。通过各种渠道和形式的宣传，可以让更多的人了解健雅文化的核心理念和价值所在，从而引发他们的思考和讨论。而在深入的讨论中，人们不仅能够更加全面地了解健雅文化，还能够在交流中逐渐消除误解和偏见，增强对其的认同感和归属感。

（三）教职工思想统一的挑战

在学校推广健雅文化的过程中，教职工无疑扮演着举足轻重的角色。然而，由于个人背景、教学经验及教育观念的差异，教职工的思想观念和教育理念各不相同，这无疑给健雅文化的推广带来了挑战。要实现健雅文化的引领，核心在于统一教职工的思想，使大家能够形成共同的教育理念。这不仅有助于提升学校的整体教育质量，还能确保健雅文化在学校中得到有效实施。但这一目标的实现并不容易，需要学校管理层采取一系列有针对性的措施。其中，培训是统一思想的重要途径之一。通过组织定期的健雅文化培训，可以帮助教职工深入了解健雅文化的内涵、理念和实施方法，从而增强他们对这一教育理念的认同感和实施能力。同时，研讨和交流也是不可或缺的环节。学校可以定期举办健雅文化研讨会，为教职工提供一个分享经验、交流想法的平台。在这个过程中，大家可以相互学习、取长补短，共同探索如何将健雅文化更好地融入日常教学中。此外，加强教职工之间的沟通与合作也是关键。学校应该鼓励教职工在日常工作中积极交流，共同解决在推广健雅文化过程中遇到的问题。这种紧密的团队合作不仅有助于统一教育思想，还能提升教职工的工作积极性和满意度。

（四）家长和学生接受新观念的阻力

家长和学生作为学校教育的直接参与者和受益者，他们的态度对于任何教育改革的成功都至关重要。在推广健雅文化的过程中，家长和学生对于新观念的接受程度，无疑是一个需要特别关注的因素。传统教育观念在家长和学生心中有着深厚的根基，它强调知识的积累和应试技巧的培养，而忽视了学生的全面发展。因此，当面对健雅文化这一新兴的教育理念时，部分家长和学生可能会产生怀疑或抵触的情绪。他们可能担心新的教育理念会影响孩子的学习成绩，或者对新的教育方式感到不安和不适应。为了消除家长和学生的疑虑，学校需要通过多种渠道与他们进行积极的沟通。家长会是一个很好的平台，学校可以邀请教育专家或健雅文化的实践者来分享经验，解释健雅文化的意义和价值，让家长更加了解并认同这一教育理念的优点。同时，学校还可以通过组织学生活动，如健雅文化主题班会、实践活动等，让学生亲身体验健雅文化的魅力，从而增强他们的认同感和参与度。除此之外，学校还应注重在实践中展示健雅文化的成果。这可以通过学生的学习成绩提升、综合素质的发展以及心理健康状况的改善等方面来体现。当家长和学生看到实实在在的改变和进步时，他们自然会更加信任和接受这一新兴的教育理念。

二、资源整合与利用的困难

（一）教育资源分散，整合难度大

教育资源作为支撑教育发展的重要基石，其来源和渠道的多样化在带来丰富选择的同时，也带来了一系列的管理和使用上的问题。特别是在推广健雅文化这样的新兴教育理念时，资源的整合显得尤为重要。然而，由于教育资源的分散性，整合工作变得异常复杂和困难。资源的分散主要体现在来源的多元性上。有的资源可能来自政府部门的投入，有的可能是社会各界的捐赠，还有的可能是学校自身的积累。这些资源不仅形式多样，而且往往分散在各个角落，没有形成一个统一、集中的管理体系。这种分散性不仅增加了学校的管理成本，因为需要投入更多的人力和物力去追踪、维护这些资源，而且还大大降低了资源的使用效率。当学校试图将这些分散的资源整合起来，以支持健雅文化的推广时，就会面临巨大的挑战。由于缺乏统一的标准和流程，整合工作往往变得烦琐而低效。同时，不同来源的资源可能存在质量上的差异，如何确保整合后的资源能够满足健雅文化推广的需要，也是一个亟待解决的问题。此外，资源的分散性还可能引发资源浪费的问题。由于无法准确掌握各项资源的具体情况，学校可能会在不知不觉中重复购买或配置相同的资源，从而造成不必要的浪费。这种浪费不仅加重了学校的经济负担，也与健雅文化所倡导的节约、环保等理念相悖。

（二）资金与技术支持不足

资源整合与利用是一个系统工程，它涉及多个方面，包括资源的搜集、分类、存储、管理和应用等，每一个环节都需要相应的资金和技术支持。然而，在推广健雅文化的过程中，许多学校都面临着资金紧张和技术手段落后的双重困境。资金是资源整合与利用的基础。无论是购买新的教育资源，还是维护和更新现有的资源，都需要大量的资金投入。但是，目前很多学校在推广健雅文化时，由于各种原因，如预算限制、政策导向等，资金往往捉襟见肘。没有足够的资金支持，学校就难以购买到高质量的教育资源，也无法为教职工提供足够的培训和支持，这直接影响了资源整合与利用的效果。技术支持同样不可或缺。在信息化、数字化的时代背景下，有效的资源整合与利用离不开先进的技术手段。比如，建立一个高效、便捷的资源管理平台，需要强大的数据库技术和网络技术作为支撑。然而，目前很多学校的技术手段相对落后，无法满足资源整合与利用的需求。这不仅影响了资源的管理效率，还可能因为技术故障而导致资源的丢失或损坏。资金与技术支持的不足，不仅制约了资源整合与利用的广度和深度，还可能对健雅文化的推广造成长期的负面影响。因为缺乏足够的资金和技术支持，学校可能无法及时获取和更新教育资源，也无法充分利用现有的资源，这将直接影响到教学质量和学生的学习体验。

（三）教职工资源利用能力参差不齐

在资源整合与利用的过程中，教职工的作用至关重要。他们是学校运营的核心力量，不仅负责传授知识，还承担着引导学生发展、塑造学校文化的重任。然而，当谈及资源整合与利用时，教职工之间的能力差异就显得尤为明显。一些经验丰富的教职工，由于多年的积累和实践，已经形成了自己独特的资源利用方式和方法。他们能够高效地搜索、整合和应用各种教育资源，从而提升教学质量，丰富课堂内容。这部分教职工通常对新技术、新理念接受较快，能够迅速适应教育资源的变化，并将其融入自己的教学中。但是，也有一部分教职工在资源利用方面存在明显的短板。他们可能由于种种原因，如年龄、教育背景或教学经验等，缺乏相关的技能和经验。这部分教职工在面对海量的教育资源时，可能会感到无所适从，不知道如何有效地搜索、筛选和整合这些资源。这种情况下，即使学校拥有再丰富的教育资源，如果教职工无法充分利用，那么这些资源的价值也就大打折扣。教职工资源利用能力的参差不齐，不仅影响了教学效果，还可能阻碍学校整体教学水平的提升。因此，学校在推广健雅文化时，必须正视这一问题，并采取相应的措施来提升教职工的资源利用能力。例如，可以定期组织相关培训，教授教职工如何高效地利用教育资源；或者建立激励机制，鼓励教职工自主学习和提升资源利用能力。

（四）资源更新与维护有困难

在科技迅猛发展的当今社会,教育资源的更新速度日益加快。新的教学理念、技术手段和课程内容不断涌现,这就要求学校必须及时跟进、更新和维护教育资源,以确保教学质量并适应新时代的教育需求。然而,这一过程中涉及的难题不容忽视。资源的更新不仅仅意味着替换旧有的教学材料,更包括引入新的教学理念和方法。这需要教职工投入大量的时间和精力去学习和掌握,同时也需要学校提供相应的培训和支持。对于一些规模较小或资源有限的学校来说,这样的投入无疑是一项沉重的负担。此外,随着教育资源的不断更新,相关的硬件设施也需要进行升级和改造。例如,为了支持新的多媒体教学手段,学校可能需要更新教室的音响设备、投影设备等。这些硬件设施的升级不仅需要大量的资金投入,还需要专业的技术人员进行安装和维护。对于一些经济条件有限的学校来说,这无疑是一个巨大的挑战。除了人力和物力的投入外,资源的更新与维护还需要持续的资金支持。新的教学资源的购买、硬件设备的升级以及教职工的培训等都需要学校投入大量的资金。然而,很多学校的经费有限,难以满足这些持续的资金需求。

（五）校际资源共享机制不完善

在现今教育资源日益紧张的背景下,校际资源共享本应成为一种高效利用资源、促进教育均衡发展的有力手段。然而,目前很多学校之间却缺乏有效的资源共享机制,这无疑加剧了资源的浪费,并阻碍了健雅文化的深入推广与实施。校际资源共享机制的缺失,往往源于学校间的竞争关系和对资源的独占心理。每所学校都希望拥有独特且丰富的教育资源,以提升自身的教育质量和竞争力。这种心态导致大量资源被重复建设,而非得到共享和优化配置。例如,多所学校可能同时购买相同的昂贵教学设备或软件,而这些设备或软件在大部分时间内都处于闲置状态,利用率极低。此外,缺乏有效的信息共享平台和合作机制也是资源共享的障碍。学校之间缺乏一个统一、开放的信息交流平台,使得各校无法及时了解其他学校的资源状况和需求。同时,缺乏合作机制也导致学校在资源共享方面难以达成共识，无法形成稳定的合作关系。校际资源共享机制的不完善，不仅造成了资源的极大浪费，还阻碍了教育资源的优化配置和高效利用。在推广健雅文化的过程中，这种机制缺失的弊端尤为明显。健雅文化强调资源的合理利用和环保理念，而资源共享正是实现这一目标的重要手段。

三、持续推进与深化的挑战

（一）保持健雅文化的持续动力

健雅文化的推进与深化，需要源源不断的动力作为支撑。这种动力，源于全校师生对健雅文化的深刻理解和积极实践。然而，任何新事物的发展都难免会遇到各种挑战，健雅文化也不例外。随着时间的推移，那些初始的激情和动力，可能会在日常的教学和学习中被逐渐消磨，这就会让健雅文化的进一步实施变得步履维艰，甚至有可能出现停滞不前的现象。其中，一个核心的问题是：如何让全校师生始终保持对健雅文化的高度关注和持续投入？毕竟，只有当师生都积极参与，才能真正推动文化的深入发展。一旦失去了这种广泛的参与和关注，健雅文化就可能沦为一种形式，失去了其真正的价值和意义。为了确保健雅文化的长久发展，学校需要采取一系列措施来不断激发和保持师生的热情。例如，可以定期组织与健雅文化相关的活动，让师生有机会亲身参与，从而更深入地了解和体验这种文化的魅力。同时，学校还可以设立相应的奖励机制，以表彰那些在实践健雅文化方面做出突出贡献的师生，这样可以进一步激励大家持续投入。此外，持续的宣传和教育也是必不可少的。学校可以通过各种渠道，如校园广播、宣传栏、微信公众号等，不断向师生普及健雅文化的核心理念和价值，从而增强大家的认同感和归属感。

（二）深化健雅文化的核心理念

健雅文化绝非仅仅是一种浮于表面的活动形式或简单的文化符号，它承载着更为深厚的教育意蕴和文化内涵。这种文化旨在培养学生的健康心态和优雅举止，同时倡导一种积极向上的生活态度和学习精神。因此，深化健雅文化的核心理念就显得尤为重要。在持续推进健雅文化的过程中，学校需要思考如何让这一文化的核心理念真正根植于校园的每一个角落，使之成为引领学校发展的精神旗帜。这不仅需要外在的宣传和推广，更需要内在的认同和践行。只有当全校师生都将健雅文化的核心理念内化为自身的价值观念和行为准则时，这种文化才能真正发挥其应有的影响力。为了实现这一目标，学校可以采取多种措施。一方面，可以通过定期的培训和讲座，向师生深入解读健雅文化的内涵和意义，帮助他们更好地理解和接受这一文化。另一方面，也可以通过开展丰富多彩的校园活动，让师生在实践中亲身体验健雅文化的魅力，从而增强对这一文化的认同感和归属感。同时，学校还应注重将健雅文化的核心理念与日常教学和管理紧密结合，使之渗透到学校的方方面面。例如，可以在课程设置中融入健雅文化的元素，引导学生在学习中培养健康的心态和优雅的举止；在校园文化建设中，也可以充分体现健雅文化的特色，营造出一种积极向上、健康优雅的校园氛围。

（三）应对外部环境的变化

外部环境，尤其是教育政策与社会环境的变动，对于学校内部文化的塑造和推广具有显著影响。在当今这个快速变化的时代，教育政策的调整、社会观念的演变，乃至科技进步带来的教育形态变革，都是学校必须面对的现实问题。健雅文化，作为学校精心培育的教育理念和文化氛围，同样会受到这些外部因素的冲击和考验。当教育政策发生调整时，学校需要及时审视健雅文化与新政策的契合度，确保文化的推广不与政策方向相悖。例如，若政策强调学生的实践能力和创新精神培养，健雅文化在实施过程中就应更加注重学生的实际操作和创造性思维的培养。社会环境的变迁同样不容忽视。随着社会价值观念的多元化，学生对于教育的需求和期望也在发生变化。健雅文化需要紧跟时代步伐，关注学生的真实需求，调整文化内涵和实施方式，以保持其吸引力和影响力。科技的进步为教育带来了前所未有的可能性，如在线教育、虚拟现实教学等新型教育模式正在逐步兴起。面对这些变革，健雅文化需要思考如何融入这些新元素，利用科技手段丰富文化的传播方式和实施路径。

四、教师专业发展与培训的需求

（一）教师专业素养的提升

健雅文化的深入推广和实施，无疑对教师的专业素养提出了更高的要求。这种文化不仅关注学生的知识技能学习，更强调学生的全面发展与人文素养的培养。这就要求教师必须具备深厚的专业知识，同时还要有先进的教育理念，能够引导学生健康成长，培养他们的高尚品质。然而，现实情况是，部分教师的专业素养与健雅文化所倡导的理念之间还存在一定的差距。这种差距可能体现在教育观念的滞后、教学方法的陈旧，或者是对学生心理健康和人文素养培养重视不足等方面。这些问题不仅会影响健雅文化的实践效果，还可能阻碍学生的全面发展。因此，提升教师的专业素养已经迫在眉睫。这不仅关系到健雅文化能否在学校中得到有效实施，更关系到学生的未来成长和发展。教师需要不断更新教育观念，学习新的教学方法，提高对学生人文素养培养的重视程度。同时，他们还需要具备扎实的专业知识，以便更好地引导学生探索世界，培养他们的创新思维和实践能力。为了实现这一目标，学校应该为教师提供更多的学习和培训机会，帮助他们提升专业素养，更好地理解和实践健雅文化。同时，教师自身也要保持积极的学习态度，不断追求专业成长，以更好地适应健雅文化的要求，为学生的全面发展提供有力支持。

（二）教师培训机制的完善

随着健雅文化的不断推进，教师专业发展的需求也日益凸显，这就要求学校必须建立起一套完善的教师培训机制。然而，在现实中，许多学校的教师培训却存在诸多问题，这些问题直接影响了培训的效果和教师专业素养的提升。其中，培训内容单一是当前教师培训机制中的一大问题。很多培训只是简单地重复一些教育理论和教学方法，缺乏针对健雅文化的深入解读和实践指导。这样的培训内容不仅无法满足教师对健雅文化的深入理解需求，也难以提升他们的实践能力。同时，培训形式的呆板也是亟待改进之处。传统的讲座式培训往往让教师处于被动接受的状态，缺乏互动和实践环节。这种培训方式难以激发教师的学习兴趣和参与热情，也无法有效地提升他们的教学能力。当前的教师培训普遍缺乏针对性。每位教师的教学风格、专业背景和发展需求都是不同的，但现有的培训往往忽视了这些差异，采用"一刀切"的方式进行。这种缺乏个性化的培训方式，很难真正满足教师的专业成长需求。因此，完善教师培训机制势在必行。学校应该根据健雅文化的核心理念和教师的实际需求，设计更具针对性和实效性的培训内容。同时，还应创新培训形式，增加互动和实践环节，激发教师的学习热情。此外，学校还应充分考虑教师的个体差异，提供个性化的培训方案，以真正促进教师的专业发展。

（三）教师激励机制的建立

教师专业发展和培训，对于提升教学质量、推动学校整体进步具有重要意义。然而，这一过程并非仅靠教师的自觉和热情就能实现，还需要学校层面提供相应的激励和支持。这种激励不仅仅是物质上的，更包括精神上的认可和鼓励。在现实中，一些学校可能由于种种原因，缺乏有效的激励机制。这导致部分教师对参与专业发展和培训持消极态度，认为这些活动不能带来足够的回报或认可。长此以往，不仅会影响教师的专业素养提升，还可能对学校的教学质量产生负面影响。因此，建立合理的教师激励机制显得尤为重要。例如，可以将教师的参与情况和发展成果纳入职称评定、岗位晋升等考核体系中，以增强教师的参与动力。除此之外，学校还应该为教师提供更多的展示和交流平台，让他们能够分享自己的教学经验和成果，从而获得同行和社会的认可。这种精神上的激励，往往能够更持久地激发教师的热情和创造力。

（四）应对教育变革的挑战

在快速发展的当代社会，教育正经历着前所未有的变革。新的教育理念、教学方法和技术不断涌现，对传统的教育模式产生了深刻的冲击。面对这种形势，教师必须不断更新自己的教育观念，掌握新的教学方法，以适应日益变化的教育需求。然而，教育变革并非一帆风顺。新的教育理念和方法往往需要教师跳出原有的思维框架，重新审视自己的教学方式。这一过程可能会让教师感到困惑和不安，因为他们需要放弃一些已经熟悉和习惯的做法，去探索未知的领域。同时，变革也意味着教师需要不断学习新的知识和技能，这无疑会增加他们的工作压力。为了帮助教师应对这些挑战，学校和教育部门需要采取一系列措施。一方面，可以通过定期的培训和研讨会，向教师介绍新的教育理念和教学方法，帮助他们了解并掌握最新的教育动态。另一方面，也可以鼓励教师之间进行交流和合作，共同探讨教育变革中的问题和解决方案。此外，学校还应该为教师提供一个宽松和包容的环境，允许他们在实践中不断探索和创新。当教师面临困难和挫折时，学校应该及时给予支持和帮助，让他们感受到组织的关怀和温暖。

五、健雅文化品牌建设与宣传的任务

（一）构建独特的健雅文化品牌

随着教育的深入发展，学校文化品牌的建设已经逐渐被提升到了战略高度。在这个大背景下，健雅文化作为学校的核心理念，无疑承载着塑造学校独特形象和传播教育价值观念的重任。要将健雅文化塑造成一个独特且富有吸引力的品牌，需要学校进行全方位、深层次的考虑和规划。学校必须深入挖掘健雅文化的内涵，这不仅仅是对其字面意义的解读，更是对其背后所蕴含的教育哲学、人文关怀和时代精神的探寻。只有深刻理解健雅文化的本质，才能准确地把握其品牌定位，确保品牌形象的独特性和深度。同时，学校还需要紧密结合自身的实际情况，包括学校的历史传统、教育资源、师生特点等，来打造具有辨识度的文化标志。这不仅仅是在视觉设计上的创新，更是在教育理念、教学管理、校园文化等多个方面的综合体现。通过这种方式，学校可以确保健雅文化品牌既具有深厚的文化底蕴，又能充分展现学校的个性和特色。然而，学校在品牌构建方面还存在一定的挑战。其中，品牌定位不够明确是一个突出问题。缺乏明确的品牌定位会导致品牌形象模糊，难以在公众心中形成深刻印象。此外，品牌形象不够鲜明也是一个需要解决的问题。在激烈的教育竞争中，一个鲜明的品牌形象能够帮助学校脱颖而出，吸引更多优秀学子的目光。

（二）制定有效的宣传策略

品牌宣传在提升健雅文化知名度和影响力方面起着举足轻重的作用。为了将健雅文化的独特理念、鲜明特色和显著优势广泛传播出去，吸引更多人的关注和认同，学校必须借助多元化的渠道和方式进行全面宣传。不过，当前学校的宣传工作仍面临诸多挑战。其中，宣传内容缺乏吸引力是一个亟待解决的问题。如果内容单调乏味，或者与实际需求脱节，就很难激起受众的兴趣和共鸣。此外，宣传渠道的单一性也限制了信息的传播范围。在这个数字化、信息化的时代，仅仅依靠传统的宣传方式显然是不够的。为了克服这些挑战，学校需要精心制定更为有效的宣传策略。一方面，要注重宣传内容的创新和质量。可以通过挖掘健雅文化背后的故事，或者结合时事热点，创作出既有趣味性又有深度的宣传内容。另一方面，要充分利用现代信息技术和社交媒体等新兴渠道。比如，可以利用微博、微信公众号、抖音等平台，发布与健雅文化相关的短视频、图文等多媒体内容，吸引更多年轻人的关注。同时，学校还可以考虑与其他知名机构或意见领袖进行合作，通过跨界合作或者邀请他们进行推广，来扩大健雅文化的影响力。此外，定期举办与健雅文化相关的线下活动，如讲座、展览等，也能进一步增强公众对健雅文化的了解和认同。

（三）加强与外界的沟通与合作

在提升健雅文化品牌影响力的过程中，与外界的沟通与合作显得尤为重要。这种合作并非单向的传递或接收，而是一种深度的互动与共同成长。学校需要与教育部门、社区、家长等各方保持密切的交流，这不仅有助于增进彼此的了解，更能为健雅文化的传播与发展创造更多可能性。与教育部门的合作，可以帮助学校更好地理解政策导向，确保健雅文化的发展方向与国家政策相契合。同时，教育部门也能为学校提供必要的支持和资源，推动健雅文化的品牌建设向更高层次迈进。与社区的合作则能让健雅文化更加贴近民众生活。通过参与社区活动、举办文化交流等方式，学校可以将健雅文化的理念和精神传递给更多居民，从而增强品牌在社区中的知名度和影响力。与家长的沟通合作同样不可忽视。家长是学校教育的重要伙伴，他们的支持和理解对于健雅文化的推广至关重要。学校可以通过家长会、座谈会等形式，与家长深入探讨健雅文化的内涵和价值，引导他们成为品牌传播的积极参与者。然而，目前学校在与外界沟通与合作方面还存在一定的不足。为了弥补这些不足，学校需要主动出击，积极寻求与外界的合作机会。通过拓展合作空间、深化合作层次，为健雅文化的品牌建设提供更为坚实的支持。这不仅有助于提升品牌的知名度和影响力，更能为学校的长远发展注入新的活力和动力。同时，这种沟通与合作也是学校不断完善自身、提升教育质量的重要途径。通过与外界的深入交流，学校可以及时发现并改进自身存在的问题，从而推动健雅文化及整个学校教育的持续进步。

（四）持续创新与完善

健雅文化品牌的构筑与传扬，乃是一场漫长而精进的旅程，非一朝一夕之功所能及。在这个日新月异的时代，社会之变迁虽不涉市场之纷繁，却同样要求我们以敏锐的洞察力和前瞻性的视野，引领文化品牌的建设与宣传。随着科技的飞跃与新媒体的蓬勃发展，信息的传播路径与受众的接受习惯正经历着深刻的转型。因此，学校需秉持创新精神，不断探索与完善品牌塑造与传播之道，以顺应时代潮流。此非仅凭敏锐的市场嗅觉所能及，而需深谙文化之精髓，洞察人心之所需，方能创造出触动人心、引人共鸣的宣传内容与形式。无论是故事的讲述，还是视觉的呈现，皆应匠心独运，彰显健雅文化之独特魅力与时代风采。同时，学校亦应与时俱进，适时调整品牌策略，使品牌形象更加鲜活、贴近时代脉搏。视觉设计的每一次革新，宣传口号的每一番斟酌，皆是对健雅文化精神内涵的深刻诠释与时代回应。此外，学校内部机制的优化亦不可忽视。通过理顺品牌建设流程，强化团队间的协作与培训，构建积极向上的激励机制，我们不仅能够提升品牌建设的效率与质量，更能在每一位参与者心中种下健雅文化的种子，让其在校园内外生根发芽，茁壮成长。如此，健雅文化品牌方能在岁月的长河中历久弥新，不断焕发新的生机与活力，成为引领学校发展、滋养师生心灵的璀璨明珠。

第二节　应对策略与建议

一、加强组织领导与政策支持

（一）建立健全组织领导机制

1. 成立健雅文化建设领导小组

成立健雅文化建设领导小组是学校推动健雅文化发展的重要一步。为了更有效地推进这一独特校园文化的建设，学校需要有一个专门负责的组织来引领和监督整个过程。这个领导小组不仅要有学校的主要领导参与，以确保决策的高效执行和资源的合理分配，还需要相关部门的负责人加入，以便在各项活动的策划、组织和实施过程中能够充分利用各部门的专长和资源。健雅文化建设领导小组的成立，标志着学校对健雅文化的高度重视和坚定投入。该小组将肩负起全面规划和监督健雅文化实施情况的重任，确保每一项活动都紧密围绕健雅文化的核心理念展开，同时不断创新和丰富活动形式，以吸引更多的师生参与其中。通过领导小组的统筹协调，学校可以更加系统地推进健雅文化的建设，避免资源的浪费和活动的重复。此外，领导小组还能及时收集和分析师生对健雅文化活动的反馈，不断调整和优化活动方案，以满足不同群体的需求，进一步提升健雅文化在校园中的影响力和感召力。

2. 明确领导小组成员职责

明确领导小组成员职责是确保健雅文化建设工作有序、高效进行的关键。在领导小组中，每一位成员都扮演着不可或缺的角色，他们各自承担着明确的职责和任务，共同推动着健雅文化的蓬勃发展。作为领导小组的组长，其肩负着全面指导和协调整个小组工作的重任。组长需要对健雅文化建设的总体方向进行把控，确保所有活动都紧密围绕健雅文化的核心理念展开。同时，组长还需协调各成员之间的工作，促进信息共享和资源整合，以保证各项任务能够顺利推进。副组长则是组长的得力助手，负责协助组长处理日常工作，并在必要时分管具体工作。副组长需要密切关注各项活动的进展情况，及时解决出现的问题，确保活动能够按照既定计划顺利进行。此外，副组长还应在组长的授权下，负责某些特定项目的组织和实施工作。而领导小组的其他成员，则根据自己所在部门的职能，负责健雅文化相关活动的组织和实施。他们需要结合本部门的资源和优势，为健雅文化建设贡献自己的力量。无论是策划活动方案、联络合作伙伴，还是执行具体任务，每一位成员都需要充分发挥自己的专业能力和团队协作精神，共同推动健雅文化的繁荣发展。通过明确领导小组成员的职责，可以确保每个人都能够各司其职、各尽其责，从而形成强大的工作合力，不仅有助于提高工作效率和质量，还能进一步增强团队成员之间的凝聚力和向心力，为健雅文化建设提供坚实的组织保障。

（二）制定并实施相关政策支持

1. 出台健雅文化建设指导意见

出台健雅文化建设指导意见是学校在推动健雅文化发展中的重要举措。为了确保健雅文化能够在校园内深入人心并持续发展，学校必须根据自身实际情况，精心制定一份全面而具体的建设指导意见。这份指导意见的重要性不言而喻，它不仅为健雅文化的建设提供了纲领性的文件，还为学校师生参与健雅文化建设提供了明确的方向和指引。在指导意见中，学校应明确阐述健雅文化的核心价值观念，这是健雅文化的灵魂所在，也是所有相关活动的出发点和落脚点。通过明确核心价值观念，可以让师生更加清晰地认识到健雅文化的内涵和要求，从而更好地践行和传承这一文化。除了核心价值观念，指导意见还应明确健雅文化的发展目标。这些目标应具有可衡量性，既包括短期目标，也涵盖长期愿景。通过设定明确的目标，学校可以更加有针对性地开展健雅文化建设工作，确保每一步都紧扣主题，不偏离方向。在实施路径方面，指导意见需要详细规划出健雅文化建设的具体步骤和方法。这包括但不限于活动的策划、组织和实施，资源的整合和利用，以及成果的展示和推广等。通过明确的实施路径，学校可以更加高效地推进健雅文化建设，确保每一项工作都落到实处。最后，指导意见还应包含相应的保障措施。这些措施旨在确保健雅文化建设工作的顺利进行，包括提供必要的经费支持、加强师资培训、完善相关设施等。通过这些保障措施，学校可以为健雅文化的建设创造更加有利的条件，推动其向更高水平发展。

2.提供必要的经费和资源支持

为了确保健雅文化建设的顺利进行，学校必须提供坚实的经费和资源支持。这不仅仅是口头上的承诺，而是需要真金白银的投入，为健雅文化的落地生根奠定物质基础。经费是健雅文化建设的重要保障。学校应当设立专项经费，专门用于支持健雅文化的各项活动。这些经费可以用于策划和组织文化活动、邀请专家学者举办讲座、举办展览和演出等。只有充足的经费支持，才能让健雅文化的推广和传播更加有力，吸引更多的师生参与其中。除了经费支持，学校还应提供必要的活动场地和设施。无论是举办讲座、展览还是演出，都需要合适的场地和设施来支撑。学校应当充分利用现有的场馆资源，如报告厅、展厅、教室等，为健雅文化活动提供便利。同时，根据活动的需要，学校还可以考虑对场地进行改造和升级，以更好地满足活动的需求。购买相关的教学材料和设备也是必不可少的。健雅文化的传播需要借助各种教学材料和设备，如图书、音像制品、教学软件等。学校应当根据实际需求，及时采购这些材料和设备，以确保教学活动的顺利进行。此外，学校还可以积极争取外部资源的支持。通过与企业合作、寻求社会捐赠等方式，可以为健雅文化建设注入更多的活力和资源。这些外部资源不仅可以提供资金上的支持，还可以为健雅文化的推广和传播提供更多的渠道和平台。

3.建立激励机制和考核制度

建立激励机制和考核制度，对于激发师生参与健雅文化建设的积极性和创造性具有至关重要的作用。学校应当精心设计这一机制，确保能够全面、公正地评价和激励每一位参与者的努力和贡献。在激励机制方面，学校可以通过多种方式表彰和奖励在健雅文化建设中表现突出的师生。例如，设立"健雅文化建设先进个人"等奖项，在每年的校园文化艺术节或其他重要场合进行公开表彰。这样的奖励不仅能够肯定获奖者的努力和成果，还能激励更多的师生积极参与到健雅文化的建设中来。同时，为了更加全面地评价师生的参与情况和贡献程度，学校还应将健雅文化建设成果纳入教师的绩效考核和学生的综合素质评价中。对于教师而言，他们在健雅文化建设中的表现和创新成果可以作为绩效考核的重要指标，从而鼓励教师更加积极地投身其中。对于学生来说，参与健雅文化建设的情况可以反映在他们的综合素质评价报告中，作为衡量学生全面发展的重要依据。通过这些激励机制和考核制度的建立，学校能够有效地推动健雅文化的深入发展。师生将更加积极地参与到各种健雅文化活动中，充分展现自己的创造力和才华。这不仅有助于丰富校园文化生活，提升学校的整体文化氛围，还能培养师生的审美情趣和人文素养，进一步促进他们的全面发展。

二、提升师生文化素养与参与意识

（一）加强健雅文化教育与培训

1. 设立健雅文化课程

设立健雅文化课程是学校提升师生文化素养的重要举措。健雅文化，作为学校独特的校园文化，承载着深厚的历史底蕴和丰富的教育理念。为了让师生更加深入地了解和领悟这一文化，学校有必要开设专门的健雅文化课程。这些课程的设计应涵盖健雅文化的多个层面，从历史背景到核心理念，再到实践应用，逐一进行深入剖析。历史背景的介绍，可以让师生了解健雅文化的起源和发展脉络，感受其深厚的历史底蕴；核心理念的阐述，则能够让师生领悟到健雅文化的精神内核，明确其在现代教育中的重要意义；而实践应用的探讨，更是将理论与实践相结合，引导师生在日常生活中践行健雅文化，实现知行合一。通过系统的教学，师生不仅能够全面了解健雅文化的内涵和价值，更能够深刻体会到这一文化对个体成长和学校发展的积极作用。这样的课程设计，不仅有助于提升师生的文化素养，更能够激发他们的文化自觉和文化自信，从而更加积极地参与到健雅文化的传承与创新中去。此外，健雅文化课程的设立还能够为学校的教育教学注入新的活力。通过与传统课程的有机结合，可以丰富学校的教育内容，提升教育的整体质量。同时，这也有助于形成学校独特的办学特色，增强学校的核心竞争力和社会影响力。

2. 开展健雅文化主题培训

开展健雅文化主题培训，是学校在常规课程之外，进一步深化师生对健雅文化理解和认同的有效途径。学校可以精心策划并定期组织此类培训活动，为师生提供一个更为广阔的学习平台。在培训内容上，学校可以邀请校内外对健雅文化有深入研究的专家举办讲座。这些专家不仅具备深厚的理论素养，还能结合生动的案例，为师生详细解读健雅文化的精髓和价值。通过他们的讲解，师生可以更加深入地了解健雅文化的历史渊源、核心理念以及在现代社会中的重要意义。同时，专家还可以分享健雅文化在实践中的应用经验，激发师生的思维火花，引导他们将健雅文化融入日常生活和学习中。除了理论讲座，学校还可以组织师生进行健雅文化的实践体验活动。这些活动可以包括实地考察、文化交流等，让师生亲身感受健雅文化的魅力。此外，学校还可以举办健雅文化主题的艺术展演、手工制作等活动，让师生在亲身参与中体验健雅文化的内涵和价值。通过这些丰富多样的培训活动，学校可以有效地增强师生对健雅文化的理解和认同感。师生不仅能够更加深入地了解健雅文化的历史底蕴和核心理念，还能在实践中亲身体验其独特魅力。这有助于培养他们的文化素养和审美情趣，进一步提升他们对健雅文化的热爱和传承意识。同时，这些培训活动也能为学校营造一个更加浓厚的健雅文化氛围，推动学校文化的持续发展。

（二）营造积极参与的校园文化氛围

1. 举办丰富多彩的健雅文化活动

举办丰富多彩的健雅文化活动是学校文化建设中不可或缺的一环。学校应当定期策划并组织各种形式的健雅文化活动，这不仅能为师生提供一个展示自己才华的绝佳平台，同时也是传承和推广健雅文化的重要途径。文艺演出是活动的重头戏，可以是歌舞、戏剧、朗诵等，让师生在舞台上尽情展示自己的艺术才华。这样的演出不仅锻炼了参与者的表演能力，也让观众在欣赏中感受到健雅文化的魅力。此外，展览也是一种直观且富有感染力的活动形式。学校可以定期举办书画展、摄影展等，展出师生的作品，让大家在欣赏中感受到健雅文化的深厚底蕴。同时，讲座和研讨会也是传播健雅文化的重要手段。学校可以邀请校内外专家、学者进行主题讲座，分享他们对健雅文化的理解和研究成果，为师生带来新的思考和启示。这些活动不仅能够拓宽师生的视野，也能激发他们对健雅文化的深入探索和研究兴趣。通过这些丰富多彩的健雅文化活动，学校不仅能够为师生提供展示才华的机会，更重要的是能够吸引更多的师生参与其中，增强他们对健雅文化的兴趣和认同感。这些活动不仅在校园内营造了浓厚的文化氛围，也为推广健雅文化、提升学校文化品位做出了积极贡献。

2.鼓励师生自主创作与展示

鼓励师生自主创作与展示，是学校推动健雅文化建设、提升师生文化素养的重要举措。为了实现这一目标，学校可以积极设立专门的展示区或网络平台，为师生提供一个展示自己创作成果的窗口。在这样的平台上，师生可以自由地创作与健雅文化相关的作品，无论是书画、摄影、文学作品，还是音乐、舞蹈等艺术形式的创作，都能得到充分的展示。这不仅为师生提供了一个发挥自己才华的舞台，更能够通过作品的展示，进一步传播和推广健雅文化。通过鼓励师生自主创作与展示，学校能够有效地激发他们的创造力和艺术潜能。师生在创作过程中，会深入挖掘健雅文化的内涵，通过自己的理解和感悟，将其以艺术的形式呈现出来。这种创作过程，不仅是对健雅文化的深入学习和理解，更是对自我能力的挑战和提升。同时，这一举措还能显著提高师生的参与感和归属感。当自己的作品被展示在学校的展示区或网络平台上，得到他人的赞赏和认可时，那种成就感和自豪感会油然而生。这种积极的情感体验，会进一步激发师生参与健雅文化建设的热情和积极性，增强他们对学校的归属感和认同感。

（三）建立师生共同参与的机制

1. 成立师生共建小组

成立师生共建小组，是学校在推动健雅文化建设过程中的一项重要举措。为了促进师生之间的紧密合作与共同参与，这一小组的设立显得尤为重要。该小组将由教师和学生代表共同组成，这种组合旨在打破传统角色界限，实现教学相长，共同为学校的健雅文化发展贡献力量。师生共建小组的核心任务是策划、组织和实施各种健雅文化活动。在策划阶段，小组成员将共同商讨活动的主题、形式和内容，确保活动能够紧密围绕健雅文化的核心理念展开，同时又能吸引广大师生的积极参与。在组织阶段，小组将分工合作，明确各自职责，确保活动的顺利进行。而在实施阶段，师生共建小组更是要全程参与，从场地布置到活动宣传，从邀请嘉宾到现场协调，都要亲力亲为，以确保活动的圆满成功。通过成立师生共建小组，不仅能够增强师生之间的沟通与协作，还能有效提升他们的责任感和使命感。在共同参与健雅文化建设的过程中，师生将更加深入地理解和传承这一文化，同时也为学校的整体文化氛围注入新的活力。此外，这种共建模式还有助于培养学生的团队合作精神和组织协调能力，为他们的全面发展提供有力支持。

2. 设立意见反馈渠道

设立畅通的意见反馈渠道在学校健雅文化建设中占据着举足轻重的地位。学校应当积极建立这样的渠道，以真诚的态度鼓励师生对健雅文化建设提出自己的看法和建议。这一举措的深远意义，不仅在于为师生提供了一个表达意见的平台，更在于通过集思广益，不断完善和优化学校的文化建设方案。畅通的意见反馈渠道能够让师生感受到自己的声音被重视，他们的意见和建议有可能直接影响到学校文化建设的方向和细节。这种参与感和影响力会极大地增强师生的主人翁意识，使他们更加积极地投入到学校文化的塑造中去。当师生意识到自己的意见能够切实地影响到学校的决策时，他们便会更加珍惜这份权利，更加主动地关注学校的发展，并愿意为之贡献自己的力量。同时，通过收集师生的反馈，学校能够更为精准地把握他们的需求和期望。这些第一手的信息对于学校制定和调整文化建设方案具有极高的参考价值。学校可以根据师生的反馈，对现有的文化建设方案进行有针对性的改进，从而更好地满足师生的精神文化需求，提升校园文化的吸引力和凝聚力。因此，设立畅通的意见反馈渠道是推动学校健雅文化建设不可或缺的一环。它不仅能够增强师生的参与感和主人翁意识，还能帮助学校更加精准地把握师生的需求，从而制定出更加符合实际、更加人性化的文化建设方案。

三、创新健雅文化建设的途径与方法

（一）加强顶层设计，构建健雅文化体系

1. 明确健雅文化建设的目标与原则

健雅文化建设的核心在于明确其目标与原则。目标必须集中于提升全民的文化素养，这不仅是知识的普及，更是对一种健康、雅致的生活态度的推广。这种生活态度鼓励人们在快节奏、高压力的现代生活中，追求身心的健康与和谐，通过文化的熏陶来丰富内心世界。倡导健康、雅致的生活方式也是健雅文化建设的重要目标。这意味着在日常生活中融入更多的文化艺术元素，让人们在品味生活的同时，也能感受到文化的深厚底蕴。此外，弘扬社会正能量，传递积极向上的价值观念，也是健雅文化建设不可忽视的一环。在实现这些目标的过程中，需要遵循一些关键原则。文化的传承与创新是相辅相成的，传统文化是根，创新是枝叶，只有根深叶茂，文化才能生生不息。因此，在保持传统文化精髓的基础上，融入现代元素，使其焕发新的活力，是健雅文化建设中必须考虑的问题。同时，文化的包容性也是至关重要的。在全球化的大背景下，各种文化交流日益频繁，尊重多元文化，促进不同文化间的交流与融合，不仅有助于拓宽人们的视野，也能为健雅文化注入更多的新鲜血液。最根本的是，健雅文化建设必须坚持以人为本。无论是文化传承、创新，还是文化交流与融合，最终都是为了满足人民群众日益增长的精神文化需求，确保文化建设成果能够真正惠及广大人民群众，提升他们的生活质量和幸福感。

2. 完善健雅文化教育制度

为了深化健雅文化的建设，学校必须致力于完善相关的教育制度，在课程设

置方面，应增设与健雅文化紧密相关的课程，如礼仪修养、艺术鉴赏等，让学生在课堂学习中就能感受到健雅文化的熏陶。同时，在教学方法上，教师需要灵活运用各种教学手段，结合实例与实践活动，使学生能够在亲身体验中领悟健雅文化的真谛。此外，评价体系的改革也至关重要，不应仅关注学生的知识掌握情况，更要将学生的道德品质、行为习惯以及综合素养纳入考核范围，从而更全面地引导学生形成健康优雅的行为习惯。通过这些教育制度的完善，学校可以有效地推进健雅文化的深入发展，使学生在潜移默化中接受并践行健雅文化的价值观，进而提升他们的综合素养。

（二）丰富文化活动，营造健雅文化氛围

1. 举办多样化的文化活动

举办多样化的文化活动，是营造健雅文化氛围、提升社会文化品质的关键举措。艺术展览、音乐会、戏剧表演及文化讲座等活动，以其丰富多彩的形式和内容，为公众呈现了健雅文化的独特魅力。这些活动不仅满足了不同群体的精神文化需求，更在无形中熏陶了人们的审美情操，提升了文化素养。艺术展览让人们近距离欣赏到精美的艺术品，感受到艺术家们独特的创作理念和精湛的技艺。每一幅画作、每一件作品都蕴含着深刻的文化内涵，引领观众走进艺术的殿堂，领略健雅文化的风采。音乐会则以优美的旋律和动人的歌声，打动了人们的心灵。不同类型的音乐，如古典、流行、民谣等，为听众带来了多样化的音乐体验。在音乐会的现场，人们沉浸在音符的海洋中，感受到了音乐带来的愉悦和放松。戏剧表演通过生动的演绎和精彩的剧情，展现了人性的光辉与矛盾。观众在欣赏剧情的同时，也在思考着生活的意义和价值。戏剧表演不仅为人们提供了娱乐休闲的方式，更在思想层面给予了深刻的启示。文化讲座则为公众提供了与专家学者面对面交流的机会。通过讲座，人们可以了解到健雅文化的历史渊源、发展现状以及未来趋势。这些知识不仅丰富了人们的文化内涵，更为推动健雅文化的传承与发展奠定了坚实的基础。

2. 加强文化教育普及工作

加强文化教育普及工作在营造健雅文化氛围中占据着举足轻重的地位。为了实现这一目标，开展多样化的文化教育活动成为不可或缺的一环。这些活动包括文化讲座、艺术培训班以及历史文化展览等，它们以直观、生动的方式将健雅文化的深邃内涵和价值观念传递给广大民众。文化讲座为公众提供了与知识界精英互动的机会，让人们能够更深入地了解健雅文化的历史背景、发展脉络以及其在当代社会的重要价值。通过这些讲座，人们不仅可以获得新的知识和见解，还能激发对健雅文化的热爱和推崇。艺术培训班则为那些对艺术感兴趣的人们提供了一个学习和提升的平台。无论是绘画、音乐还是舞蹈，这些培训班都能让人们亲身感受到艺术的魅力，并在实践中不断提升自己的艺术修养和审美能力。历史文化展览通过展示珍贵的历史文物和详细的解说，让人们能够亲身感受到健雅文化的厚重历史和独特魅力。这些展览不仅丰富了人们的精神生活，还为人们提供了一个了解历史、缅怀过去的窗口。此外，随着科技的飞速发展，现代科技手段在文化教育普及工作中的作用也日益凸显。网络教育平台、多媒体教学资源等新型教育方式的运用，不仅打破了时间和空间的限制，还让文化教育更加便捷、高效。通过这些现代科技手段，健雅文化的精髓和价值观念得以更广泛地传播，触达更多的人群。

（三）挖掘文化资源，传承与弘扬健雅文化

1. 保护与利用历史文化资源

历史文化资源，作为健雅文化的深厚根基，承载着丰富的历史信息和文化底蕴，对它们的有效保护与合理利用，无疑具有极其重要的意义。在保护方面，必须强化对文物古迹、非物质文化遗产等的保护力度。这些资源是不可再生的，一旦损毁就无法挽回。因此，应通过科学的规划和管理，制定严格的保护措施，防止这些宝贵资源受到任何形式的损害。同时，提高公众对历史文化资源的保护意识也至关重要，让更多人参与到保护工作中来，共同守护这些人类共同的财富。然而，保护历史文化资源并不仅仅意味着将它们封存起来，更重要的是要让它们

"活"起来，这就涉及了合理利用的问题。历史文化资源的利用，不应仅停留在传统的展示和观赏层面，而应通过创新的方式进行扩展和利用。例如，可以开发具有历史文化特色的旅游线路，让游客在亲身体验中感受到历史文化的魅力，从而加深对健雅文化的理解和认同。此外，还可以将传统文化元素与现代创意相结合，融入各类产品中，打造具有独特文化韵味的创意产品。这种方式不仅能够实现文化的传承与活化，还能为经济发展注入新的活力，实现文化与经济的双赢发展。

2. 推动地域特色文化发展

地域特色文化，作为一定地域范围内形成的独特文化现象，不仅承载着当地深厚的历史记忆，还反映了该地区的民俗风情和社会变迁。因此，推动其发展，既是对历史传统的尊重，也是对文化多样性的维护。为了有效推动地域特色文化的发展，深入挖掘各地的文化资源显得尤为重要。这包括了对民间艺术、地方戏曲、特色手工艺等各类文化形式的系统梳理和深入研究。这些文化资源不仅是历史的见证，更是当地人民智慧和创造力的结晶。通过举办各类展览、演出等活动，可以让更多人近距离地了解和欣赏到这些独特的文化瑰宝，从而增强对地域特色文化的认知和认同感。

（四）创新传播方式，扩大健雅文化影响力

1. 构建"数字故事长廊"

在这个数字化时代，我们可运用虚拟现实（VR）、增强现实（AR）等前沿技术，打造一条穿越时空的数字故事长廊，让健雅文化在虚拟世界中绽放异彩。长廊之中，不仅再现了健雅文化的历史渊源与传承脉络，更以沉浸式的体验方式，让受众仿佛置身于文化的核心，与先贤对话，与经典共鸣。通过互动解谜、场景再现等趣味环节，激发受众对健雅文化的兴趣与探索欲，使文化之树在数字土壤中生根发芽，茁壮成长。

2. 打造"健雅文化+"跨界融合平台

我们可积极寻求与不同领域、不同行业的合作机会，将健雅文化与教育、艺

术、科技、旅游等多个领域深度融合，创造出具有独特魅力的文化产品与服务，拓宽文化传播的边界。例如，与教研机构合作，开发健雅文化主题的校本课程与研学项目；与艺术家携手，举办健雅文化主题的艺术展览与创作比赛；与科技企业合作，利用大数据、人工智能等技术手段，精准推送健雅文化内容给目标受众。通过跨界融合，我们不仅能够丰富健雅文化的表现形式与传播载体，更能够拓宽文化传播的受众群体与影响范围，让健雅文化成为连接不同领域、不同人群的桥梁与纽带。

参考文献

[1] 吴绪柱.健雅文化引领学校发展探究 [J].西部素质教育,2022,8(17):132-134.

[2] 王慧.五育并举,育"健雅"少年——于都县实验小学办学特色简介 [J].江西教育,2023 (22):82.

[3] 张斌.核心素养视域下的小学数学"健雅"课堂探究 [J].新智慧,2021(13):79-80.

[4] 丰伟丽,周鹏.大美育视角下高校校园文化建设路径研究 [J].美术教育研究,2024(9):69-71.

[5] 邱立巍.构建和谐校园文化,以会展为实践,坚定学生文化自信 [J].中国会展,2024(9):20-25.

[6] 钟俐维.高校校园文化品牌建设培育机制研究 [J].中国品牌与防伪,2024(5):74-76.

[7] 夏锦杨,张晓峰,古俊杰.校园文化建设背景下的高校活动室设计研究 [J].上海包装,2024(4):80-82.

[8] 沈洁.育人视角下高校图书馆文化建设 [J].教育观察,2024,13(5):33-36.

[9] 陈婧.基于高校文化建设的校园环境设计 [J].丝网印刷,2023(23):77-80.

[10] 钱涌宁,姚兰,叶雪,等."三全育人"视角下高职校园文化建设路径探究 [J].人才资源开发,2023(23):76-78.

[11] 刘迪.新时代加强师资队伍建设与深化教师评价改革路径探索 [J].北京教育(高教),2022 (2):82-84.

[12] 李沛,江凌,顾东蕾.基于品牌建设的高校图书馆阅读推广服务实践研究:以江苏省"双一流"高校为例 [J].图书馆学刊,2024,46(1):65-70,76.

[13] 姚红玉,徐琳.以学校文化建设促进品牌发展:一所南疆农村小学的"恩文化"体系构建 [J].中小学校长,2024(1):54-59.

[14] 高媛媛,张伟.基于高校图书馆的保定市文化品牌建设的分析与研究 [J].大众文艺,2023 (13):142-144.

[15] 竺亚珍.基于品牌建设视角的高校图书馆阅读推广探讨:以浙江传媒学院"书香浙传"读

书文化节为例 [J]. 河北科技图苑 ,2022,35(5):49–53,58.

[16] 谭智颖 , 朱璐婕 . 高校专业设置与品牌建设的关系研究 [J]. 科教导刊 ,2022(10):23–26.

[17] 田连启 . 学校品牌文化建设的实践探索 [J]. 教学与管理 ,2021(34):11–12.

[18] 田亚丽 . 基于核心素养的学校文化品牌建设与发展研究 [J]. 科学咨询 (教育科研),2021
(11):15–17.

[19] 吴立宝 , 许亚桃 , 代俊华 . 学校文化建设的问题及对策 [J]. 教学与管理 ,2021(13):11–13.

[20] 蒋才武 , 笪舫芳 , 黄刚 . "双一流" 建设背景下学科服务品牌建设研究 [J]. 中国中医药图书
情报杂志 ,2021,45(2):34–37.

[21] 司汶 . 教育数字化视角下高校教师队伍建设路径探析 [J]. 公关世界 ,2024(9):99–101.

[22] 陈朗 . 产教融合背景下 "双师型" 教师队伍建设研究 [J]. 公关世界 ,2024(10):77–79.

[23] 邓偲娟 , 向中秋 . 机制创新促区域新教师队伍建设 [J]. 中国教育学刊 ,2024(5):105.

[24] 祁鹏 , 许晴 , 蒲红莉 . 新基建背景下智慧交通 "双师型" 教师队伍建设研究 [J]. 中国教育技
术装备 ,2024(9):22–24,37.

[25] 邓瑞强 , 覃有奖 . "双元制" 本土化背景下模具制造专业师资队伍的建设 [J]. 模具制造 ,2024,
24(5):95–98.

[26] 朱祥勇 , 章佳 , 李平 . "雁阵式" 骨干教师队伍建设的校本路径 [J]. 教育科学论坛 ,2024
(10):68–70.

[27] 李传欣 . 五措并举建设高水平 "双师" 队伍 [J]. 人力资源 ,2024(7):62–63.

[28] 乔阳阳 . 我国高校教师队伍建设政策工具的选择与优化 [J]. 教育科学探索 ,2024,42(2):4–11.

[29] 陈双娇 , 汪明春 , 徐苗苗 . 新课标背景下体育教师队伍的高质量建设研究 [J]. 教学与管理 ,2024
(9):61–65.

[30] 张俊杰 . "三教" 改革背景下的 "双师型" 教师团队建设——以 "工程资料管理" 学科为例 [J].
亚太教育 ,2024(6):40–43.